실전!
고교학점제 따라잡기

지은이

곽상경

신성중학교 진로전담교사이자 아주대학교 교육대학원 진로진학상담전공 겸임교수로 꿈을 향한 십 대와 그 꿈을 안내할 예비 진로전담교사들을 가르치고 있다. 상담학 박사(Ph.D)로 학생의 특성을 반영한 교육과정에 관심을 가지고 학교폭력예방과 인성교육, 학부모교육, 진로교육을 위한 연구와 프로그램 개발에 다수 참여한 결과 법무부장관상(2015), 부총리 겸 교육부장관표창(2021)을 수상하였다. 현재 경기도중등진로교육연구회와 안양미래교육디자인연구회 연구위원, 경기도교육청 배움중심수업 정책추진단, KERIS 온라인 콘텐츠 활용 교과서 선도학교 지원단 퍼실리테이터, 수업디자인연구소 전문위원 등으로 활동하고 있다. 공저한 저서로 『질문이 살아있는 수업: 진로와직업』, 『학부모를 부탁해』 등이 있다.

김수정

서연고등학교 진로전담교사로 근무하고 있다. 경기도중등진로교육연구회 연구위원, 탈북학생 대상 진로캠프 강사, 다문화학생 및 고등학교 진로진학 컨설팅 강사, 중국 조선족 학교 교원 대상 진로 강사로 활동하였다. 공저한 저서로 『기업가정신으로 플레이하자』, 『꿈틀꿈틀 기업가정신』, 『내 맘대로 Go! 고교학점제 워크북』, 『나만의 커리어 디자인 고교학점제 워크북』 등이 있다.

김태현

마장고등학교 진로전담교사로 근무하고 있다. 학생들과 함께 배우고 성장하기 위해 노력하고 있다. 인성교육, 미래교육에 관심이 많으며, 이를 진로 수업 및 다양한 진로 프로그램에 적용·실천하여 학생들의 미래사회 핵심 역량 향상을 위해 힘쓰고 있다.

문미경

곡란중학교 교사이자 경기도교육청 교과연구회 회장, 교육부 선정진로교육연구회회장, 한국진로교육학회 이사, 한국벤처창업학회 이사로 활동하고 있다. 경기도진로교육생태계 구축 방안을 연구하고 초등학교부터 고등학교까지 진로교육을 지원하는 학습자료를 개발했다. 기업가정신 함양 교육 연구와 이를 위한 디자인씽킹 확산 활동, 게임리터러시교사연구회 활동을 활발히 지속한 결과, 한국청년기업가정신재단이 주관하는 창업교육 공모전에서 2년 연속 우수상을 수상한 바 있다. 공저한 저서로 『교실 게이미피케이션』, 『내 맘대로 Go! 고교학점제 워크북』, 『나만의 커리어 디자인 고교학점제 워크북』 등이 있다.

오혜정

이매고등학교 진로전담교사로 근무하고 있다. 경기도중등진로교육연구회 총무, 경기도진로교육생태계 구축, 기업가정신 기반 진로 연계 교과 수업자료 제작, 디자인씽킹 퍼실리테이터, 경기도교육청 민주시민교육과에서 주관한 탈북학생 대상 진로캠프 강사, 다문화학생 및 고등학교 진로진학 컨설팅 강사로 활동하고 있다.

초판 1쇄 발행 2022년 6월 30일
초판 2쇄 발행 2023년 11월 20일

지은이 곽상경, 김수정, 김태현, 문미경, 오혜정
펴낸이 이형세
펴낸곳 테크빌교육(주)
편집 옥귀희 | **디자인** 어수미 | **제작** 제이오엘앤피
테크빌교육 출판 서울시 강남구 언주로 551, 5층 | **전화** (02)3442-7783 (142)

ISBN 979-11-6346-152-4 03370
책값은 뒤 표지에 있습니다.

테크빌교육 채널에서 교육 정보와 다양한 영상 자료, 이벤트를 만나세요!

블로그 blog.naver.com/njoyschoolbooks   **페이스북** facebook.com/njoyschool79
티처빌 teacherville.co.kr   **클래스메이커** classmaker.teacherville.co.kr
쌤동네 ssam.teacherville.co.kr   **티처몰** shop.teacherville.co.kr

✓ 중학교부터 시작하는 진로찾기 로드맵

실전! 고교학점제

따라잡기

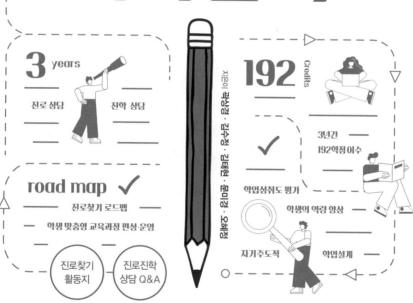

3 years

진로 상담　　　진학 상담

road map ✓
—— 진로찾기 로드맵
—— 학생 맞춤형 교육과정 편성·운영

| 진로찾기
활동지 | 진로진학
상담 Q&A |

지은이 곽상경 · 김수정 · 김태헌 · 문미경 · 오혜정

192 Credits

✓

3년간
192학점 이수

학업성취도 평가

학생의 역량 향상

자기주도적　　학업설계

테크빌교육

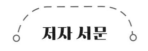

저자 서문

중학교부터 준비하는 고교학점제의 모든 것

"아직 무엇을 하고 싶은지도 모르는데 당장 무슨 과목을 어떻게 선택하나요?"

"고교학점제 너무 복잡하고 어려워요. 그냥 학교에서 정해 주면 안 되나요?"

첫 번째 질문은 고등학교 1학년 진로 수업 시간에 종종 듣는 질문이고, 두 번째는 얼마 전 중학교 3학년을 대상으로 고교학점제 강의를 하면서 들은 말이다.

고교학점제가 선도학교, 연구학교 중심으로 시범 운영되고, 운영학교의 범위가 확대되면서 고등학교에서는 어느 정도 몸과 마음의 준비를 하는 모습이 보이는 듯하다. 중학교에서도 중3 학생들을 대상으로 고교학점제에 대한 이해도를 높이기 위해 관련 교육활동을 준비, 운영하고 있다. 그러나 당장 과목을 선택해야 하는 고1 학생들에게도, 1년 내지 3년을 준비해야 하는 중학생들에게도 고교학점제는 동굴 안의 실체 없는 괴물처럼 소문은 무성하나 어떻게 대비해야 할지 막막하기만 한 제도다. 선생님들 또한 신학기 준비와 수업, 그리고 여러 가지 교육활동으로 고교학점제에 충분한 시간을 쏟지 못하다 보니, 갑자기 학생이 찾아와서 과목 선택을 위한 상담이나 조언을 구하면 어디서부터 이야기를 시작해야 할지 난감한 상황에 처한다. 이는 얼마 전까지, 필자의 모습이기도 했다.

이 책《실전! 고교학점제 따라잡기》는 진로교육 연구회 활동을 하면서 중학교와 고등학교 일선의 교사들과 학생들이 고교학점제에 대해 어떤 궁금증을 가지고 어떻게 준비하고 있는지 오랫동안 논의하고 연구하던 중에 '중학교와 고등학교의 가교 역할을 하는' 고교학점제 책을 집필해 보자는 데 생각을 모으면서 출발하였다.

이 책은 크게 4부로 이루어져 있는데, 1부는 '고교학점제 바로 알기'로서, 고교학점제가 무엇인지, 어떤 목표를 이루기 위해 어떻게 진행되는지에 대해 개략적인 설명을 담았다. 고교학점제를 충분히 접해 보지 못했던 분들의 이해를 도와줄 것이다. 세부적으로는 총 4장으로 구성되어 있다. 1장에서는 고교학점제의 필요성과 학교는 어떻게 변화해야 하는지에 대한 설명, 2장에서는 고교학점제에서의 교육과정 운영 방법, 3장에서는 교육과정 운영을 한눈에 볼 수 있는 교육과정 편성표 보는 법, 4장에서는 고교학점제의 진로선택 과목이 어떻게 대학입시에 반영되고 있는지를 다루었다.

2부는 '고교학점제, 중학교부터 준비하자'로, 중학교 교육과정에서 고교학점제를 준비하는 데 도움이 되는 내용을 풀어냈다. 세부적으로 1장에서는 중학생이 고교학점제를 알고 준비해야 하는 이유를 밝혔다. 2, 3, 4장에서는 고등학교 선택과 고교학점제 설계의 기초를 다질 수 있도록 중학교 교육과정에서 할 수 있는 다양한 교육활동을 제시하였다. 5장에서는 진로에 적합한 고등학교를 탐색하고 선택할 수 있는 활동을 제시하였다. 그리고 이러한 교육활동에 활용할 수 있는 활동지를 첨부하였다.

　3부는 '고교학점제 제대로 운영하기'로, 고교학점제의 안정적인 운영을 위해 고교 교육과정을 중심으로 학업 설계에 대한 내용을 다루고 있다. 세부적으로 1장에서는 각 시기별 교육과정 운영과 진로·학업 설계 지도, 2장부터 8장까지는 고교학점제 운영학교 사례와 교육부, 각 시도교육청 및 대학에서 발표, 발간한 자료를 바탕으로 고교학점제를 위한 교육과정 편성·운영, 수업, 평가 및 학교 공간 재구성에 대한 내용을 담았다. 이러한 내용을 바탕으로 진로 수업 및 창의적 체험활동 시간에 학생들이 해당 자료들을 활용해서 본인에게 필요한 정보를 잘 찾을 수 있는 역량이 향상되기를 기대한다.

　4부는 '자기 주도적 학업 설계를 위한 상담'으로, 학업 설계와 진로진학 상담의 과정, 그리고 관련 Q&A를 담고 있다. 총 3장으로 구성되어 있다. 1장에서는 자기 이해, 관심 대학과 학과에 대한 정보 탐색, 적성과 특성에 맞는 과목을 선택에 도움이 되는 상담 방법을 담고 있다. 자기 이해하기와 관심 대학과 학과에 대한 정보 탐색 부분은 학생들이 상담을 신청해 왔을 때 바로 책을 펼쳐 보며 단계열 활동과 소통을 통해 진로 및 추천 과목을 찾을 수 있도록 안내되어 있어 상담 활동에 적합하다. 2장에서는 학생들의 진로에 대한 결정 수준과 행동 실천 여부에 따른 학생 유형과 그에 따른 상담 내용이 제시되어 있어서 학생들이 진로 및 단기적 목표를 설정하는 데 유용하다. 또한 학생 유형별 사례 부분은 실제 필자의 사례로서, 상담의 흐름과 과정은 물론 결과를 제시하여 교사들의 상담에 가이드를 제시하고자 하였다. 3장 진로진학 상담 Q&A는 현장에서 자주 나오는 질문을 뽑고 고교학점제 업무를 주도하는 고3 부장교사와 리더교사들의 실질적이고 유용한 조언을 담아서, 고교학점제를 처음 접하는 선생님들의 학생 상담에 도움을 주고자 하였다.

끝으로 이 책을 집필하는 데 자료와 인터뷰를 기꺼이 제공해 주신 많은 분들께 진심으로 감사를 드린다. 미력하나마 학교 현장에서 고교학점제의 가치와 철학을 지지하고 책임교육의 씨앗을 뿌리고 있는 교사와 고교학점제를 준비하는 학생들에게 작은 등불의 역할을 하기 바란다.

2022년 6월

저자 일동

차 례

저자 서문 4

고교학점제 바로 알기

Part

Chapter 1 고교학점제란? 12

1. 고교학점제는 어떤 제도인가? | 2. 고교학점제는 왜 필요할까? |
3. 고교학점제는 학교에 어떤 변화를 가져올까?

Chapter 2 학교 교육과정 편성 · 운영과 고교학점제 26

1. 학교 교육과정이란? | 2. 교과 및 창체 교육과정 결정을 위한 고려
사항은? | 3. 학생의 자기 주도적 교육과정 이수를 위한 지원 방안은?
| 4. 학생의 학습경험 혁신을 위한 지원 방안은?

Chapter 3 교육과정 편성표 읽기 37

1. 2015 개정 고등학교 교육과정 편성은? | 2. 고교학점제 시행으로
교육과정은 어떻게 달라지나? | 3 교육과정 편성표 살펴보기

Chapter 4 진로 선택과목과 대학입시 47

1. 진로 선택과목은 대학입시에 어떻게 반영될까? | 2. 2028 대입전형
개편을 위해 무엇을 준비할까?

고교학점제, 중학교부터 준비하자

Part

Chapter 1 고교학점제, 중학생이 알아야 하는 이유! 52

Chapter 2 고교학점제 준비 1단계 – 자기 탐색 54

1. 심리검사 | 2. 자서전 만들기 | 3. 질문 기법

**Chapter 3 고교학점제 준비 2단계 – 전공과 직업, 진로의
탐색** 71

1. 탐색의 기초 단계 | 2. 탐색의 기본 단계 | 3. 탐색의 심화 단계

**Chapter 4 고교학점제 준비 3단계 – 고교학점제 미리 체
험하기** 88

진로지도
활동지 모음

Chapter 5 고교학점제 시행에 대비한 고등학교 선택 활동 90

1. 자기 이해 | 2. 고등학교 유형과 진학 방법 탐색 | 3. 고등학교 비교 분석 | 4. 고등학교 선택 및 준비

고교학점제
제대로 운영하기

Part

Chapter 1 시기별 교육과정 편성 · 운영 및 진로 · 학업 설계 살펴보기 108

1. 2월 : 학교 교육과정 편성 · 운영의 준비 | 2. 3~4월 : 교육과정 안내 및 연수 | 3. 5~6월 : 과목 수요 조사 | 4. 7~8월 : 수강신청 대상 과목 확정 | 5. 9~10월 : 수강신청 및 결과 분석 | 6. 11~12월 : 수강신청 정정

Chapter 2 과목 선택 안내서 활용하기 119

Chapter 3 대학 계열별 주요 학과 살펴보기 125

1. 인문 계열 | 2. 상경 계열 | 3. 의료 · 보건 계열 | 4. 자연 계열 | 5. 공학 계열 | 6. 예술 계열

Chapter 4. 고교학점제 도입에 따른 교육과정 편성표의 변화 살펴보기 132

1. 학생 중심의 교육과정 편성하기 | 2. 학생의 과목 선택권 확대하기 | 3. 온라인 공동 교육과정 활용하기 | 4. 학생이 필요한 진로 및 학업 설계 지원하기

진로 수업 사례 에듀테크를 활용한 직업체험 박람회 수업 151

Chapter 5. 고교학점제 진로 수업 살펴보기 158

1. 진로교사는 어떤 역할을 할까? | 2. 진로 수업에는 무엇을 해야 할까?

road map

Chapter 6. 고교학점제 교육과정 편성 · 운영 살펴보기 171

1. 선택과목 안내 방법 | 2. 희망과목 수요 조사 | 3. 교육과정 편성 시 유의사항 | 4. 선택과목 수강신청 방법 | 5. 시간표 작성

Chapter 7. 고교학점제를 위한 공간 재구성 살펴보기 194

1. 교과 교실 배치 | 2. 복합 기능 공간 홈베이스 | 3. 공강 교실 | 4. 가변형 교실

Chapter 8. 고교학점제 평가 살펴보기 198

1. 과목 출석률 미도달 학생 지도 | 2. 최소학업성취수준 미도달 학생

자기 주도적 학업 설계를 위한 상담

Part

Chapter 1 학업 설계를 위한 상담 210

1. [1단계] 자기 이해 상담 | 2. [2단계] 적성과 특성에 맞는 교육과정과 과목 상담 | 3. [3단계] 3개년 학업 설계 작성 상담

Chapter 2 진로진학 상담 절차와 사례 230

1. 학생의 진로결정수준 및 진로준비행동 진단 | 2. 진단 후 진로 지도 방향 | 3. 유형별 진로진학 상담 사례

Chapter 3 고교학점제 진로진학 상담 Q & A 248

1. 1학년 중간고사를 망치면 정시에 올인해야 할까? | 2. 이공 계열 진학을 위해 과탐 과목은 몇 개를 선택해야 할까? | 3. 2학년 중반 이후에 계열을 바꿔도 될까? | 4. 2학년과 3학년 과탐 과목의 선택이 달라도 될까? | 5. 진로희망이 바뀌면 생기부에는 어떻게 기록해야 할까? | 6. 대입 교과전형이 늘어나면 학교 생활이 덜 중요할까? | 7. 진로에 맞는 동아리 활동이 없다면 어떻게 해야 할까? | 8. 세부능력 및 특기사항은 모든 과목에 기록되면 좋을까?

참고 문헌 258

192
Credits

3 years

road map

고교학점제
바로 알기

✓

고교학점제란?

✓

2017년 11월, 교육부가 고교체제 개편과 대입제도 개선을 위하여 2022년부터 고교학점제를 시행한다고 발표했다. 이후 고교학점제 연구학교와 선도학교가 운영되면서 현장에서는 불만의 소리가 터져 나왔다. 선생님들은 고교학점제와 선택과목 확대에 따른 업무 증가로 인한 피로도 증가를, 학생들은 과목 선택에서 느끼는 부담감을 언급하며 고교학점제에 대한 우려를 표시했다. 하지만 스스로 선택한 과목의 수업을 들으며 "이렇게까지 수업에 집중한 적은 처음이다!"라고 이야기하는 학생들도 생겨났다.

2017년 발표 이후 그 시행에 대한 갑론을박이 계속되고 있지만, 고교학점제는 2022년 현재 특성화고와 일부 일반계고의 신입생들에게 적용되면서 약 84%의 학교에서 시행 중이다. 그리고 2025년부터는 전체 고등학교에서 본격 시행될 예정이다.[1]

교육부에서는 2018년에도 "경쟁을 부추기는 입시 중심의 고등학교 교육을 학생 중심의 교육으로 바꾸어 나가고 고등학교 교육 혁신 방안도 추진해 나가겠습니다."라고 발표하며 고교학점제에 대한 강한 의지를 드러냈다. 그 바람대로 고교학점제를 통하여 꽉 짜인 시간표와 수업에서 좀 더 자유로워지고, 시험에서 좋은 성적을 거두지 못한다고 실패한 인생이 되는 것은 아니라는 사실을 학생들이 경험을 통해 깨달았으면 한다.

1. 고교학점제는 어떤 제도인가?

고교학점제는 학생이 기초 소양과 기본 학력을 바탕으로 진로·적성에 따라 과목을 선택하고, 이수기준에 도달한 과목에 대해 학점을 취득·누적하여 졸업하는 제도이다.[2] 이를 구현하기 위해 학교는 학생 수요를 반영한 교육과정 구성, 진로와 연계된 학업 설계, 학점 취득을 위한 책임교육 강화에 힘을 쏟고 있다.

진로를 고려한 다양한 선택과목 편성

지금까지 고등학생들은 학교와 교사가 정하는 교육과정에 따라 수업을 들었다. 그러나 고교학점제에서는 자신의 진로에 따라 원하는 과목을 선택하여 수업을 들을 수 있다. 이를 위해 각 학교에서는 학생들의 선택과목에 대한 수요 조사, 수강신청 절차 운영 등을 통해 학생 개개인의 수요를 반영한 교육과정을 구성하고 준비해야 한다.

---

1) 고교학점제 홈페이지(hscredit.kr/hsc/intro.do)
2) 〈포용과 성장의 고교교육 구현을 위한 고교학점제 종합 추진계획〉, 교육부, 2021

학생 개개인의 수요를 알기 위해서는 고등학교 입학 전에 학생의 '진로 찾기'가 선행되어야 한다. 그러나 중학생은 물론이고 고등학생들도 자기가 무엇을 하고 싶은지 모르는 경우가 많은 것이 현실이다. 그러므로 고교학점제가 고등학교에서만 관심을 가지면 되는 제도라고 생각하면 안 된다. 고교학점제와 연계한 중학교의 진로 교육이 더욱 중요한 이유다.

목표 성취기준에 도달해야 과목 이수

현재는 학생이 성취한 등급에 상관없이 과목을 이수할 수 있다. 하지만 고교학점제에서는 학생이 목표한 성취수준에 충분히 도달했다고 판단될 때만 과목 이수를 인정한다. 일정 시간 수업을 듣고 어느 정도의 성취 수준에 있는지 평가(성취평가제 : 상대적 서열에 따라 '누가 더 잘했는지'를 평가(규준참조평가, 상대평가)하는 것이 아니라 '학생이 무엇을 어느 정도 성취했는지'를 평가(준거참조평가, 절대평가)하는 제도)하여 학점을 준다[3]는 의미다.

'일정 시간'은 과목 출석률로 총 수업 횟수의 3분의 2 이상을 참여한 경우, '성취수준' 정도는 학업성취율로 과목 성취 목표의 40% 이상을 충족한 경우에 해당 과목을 이수한 것으로 판정한다. 그리고 공통과목을 제외한 전체 선택과목은 절대평가가 이루어진다. 고교학점제의 내실을 다지기 위하여 2028학년도부터는 고교학점제에 맞추어 개선된 대입전형이 적용될 예정이다.

---

3) 〈2020년 고등학교 학생평가 안내서(톺아보기)〉, 교육부 · 17개 시 · 도교육청 · 한국교육과정평가원, 2020

3년간 192학점을 이수해야 졸업

고교학점제는 출석일수로 졸업 여부를 결정하는 것이 아니라, 누적된 과목 이수학점이 졸업기준에 이르렀을 때 졸업이 가능하다. 고교학점제에서는 50분 기준으로 16회를 이수하는 수업량이 1학점이고, 3년 동안 교과 174학점과 창의적 체험활동 18학점, 총 192학점을 이수하면 졸업 기준에 도달한다.

현행 제도에서는 고등학교 3년 동안 204단위를 이수하면 졸업이 가능한데, 1단위는 일주일에 50분씩 17주 수업이다. 따라서 고교학점제가 적용되면 학생은 시간 여유가 생긴다.

한편 수업량 유연화에 따른 학교 자율적 교육과정의 활동 내용과 운영 등은 학교 특성과 학생들의 요구를 수용하여 다양한 프로그램으로 편성·운영할 수 있다.[4] 현장에서 운영 가능한 자율적 교육과정에는 다음과 같은 것들이 있다.

① 진로 집중형 : 진로 설계·체험, 고등학교 1학년 대상 진로집중학기제
② 학습 몰입형 : 교과목별 심화 이론, 과제 탐구 등 심층적 학습
③ 보충수업형 : 학습 결손, 학습 수준 미흡 학생 대상 보충수업
④ 동아리형 : 학습동아리 연계 운영, 교과목에 관한 학생 주도적 학습
⑤ 프로젝트형 : 교과목 융합학습 등 주제 중심의 프로젝트 수업, 직업 체험 프로젝트 등

---

4) 〈수업량 유연화에 따른 학교 자율적 교육과정 운영 사례집〉, 교육부, 2022

이와 같은 총 이수학점과 졸업에 관한 사항은 2023학년도 1학년부터 적용된다.

2. 고교학점제는 왜 필요할까?

2021년 교육부는 "OECD 등 국제기구에서도 미래사회 대응을 위해서는 삶에 대한 적극성과 주도성, 책임감을 지닌 인재 양성이 필요함을 강조한다. 비약적 기술 진보와 예측 불가능한 위험이 공존하는 미래사회에 대응할 수 있도록, 새로운 인재상과 교육체제의 모색이 필요하다."라고 발표했다. 고교학점제는 이에 부합하는 교육제도로서 미래사회를 이끌어 갈 인재 양성에 꼭 필요한 과정이다.

미래사회에 필요한 역량을 기르기 위하여

21세기는 부카월드(VUCA world : Volatility(변동성), Uncertainty(불확실성), Complexity(복잡성), Ambiguity(모호함)의 앞글자를 딴 단어로 미래 예측이 불가능하고 생존 보장이 어려운 환경을 의미한다)라 불린다. 이는 우리가 사회 구조 및 직업 세계의 급격한 변화, 감염병 유행 등 다가올 미래를 예측하기 어려운 시대 환경 속에서 살아가고 있다는 말이다.

직업 세계가 급변하는 미래사회에서는 자신의 진로를 스스로 개척하고 자기 주도적으로 학습하는 역량이 필요하다. 고교학점제는 학생들이 자신에게 필요한 배움이 무엇인지를 스스로 찾게 함으로써 이러한 역량을 키울 기회를 제공한다. 학생들의 역량 개발을 위해 수업 중 교사의 역할에 대한 패러다임의 전환도 필요하다. 교사는 더 이상 가르치는 역할이 아니라 학생들이 스스로 학습할 수 있도록 안내하고 촉진하는 역할을 해야 한다. 단순히 전달되는 내용만 배우는 수업에서 벗어나 '배우는 법을 배우는' 수업이 되어야 한다.

보다 나은 삶과 사회 변화를 위한 교육의 역할을 강조한 'OECD Education 2030'은 특히 교육의 핵심 지향으로 '변혁적 역량'을 제시한다. 그리고 고교학점제는 학생의 목소리에 귀 기울이며 반응하는 변혁적 교육과정 운영을 가능케 할 것이라 기대된다. 학생이 교육과정을 만들어 스스로 자신에게 필요한 학습을 하는 것이다.

일자리 관련 세미나에서 "미래 직업 세계에서는 승진을 위해서가 아니

OECD Education 2030에서 강조하는 교육의 지향성

'OECD Education 2030'에서는 학생 주도성(student agency)과 변혁적 역량(transfor mative competencies)을 강조하며 다음의 세 가지를 포함한다.

① 창의성, 문제해결력을 키우는 새로운 가치 창조(Creating new value)

② 협동, 공감, 갈등 관리 능력을 신장시키는 긴장과 딜레마의 해소(Reconciling tensions and dilemmas)

③ 책임감, 시민성을 향상시키는 책임지기(Taking responsibility)

출처 : 〈고교학점제 도입 · 운영 안내서〉, 교육부 · 한국교육과정평가원, 2022

라 일자리를 유지하기 위해서도 지속적으로 학습해야 한다."는 이야기를 들은 적이 있다. 직업 세계에서 자기 자리를 유지하기 위해서는 스스로 지속적으로 학습해야 한다는 것인데, 이것이 가능하려면 당연히 학습이 재미있고 즐거워야 한다. 그렇다면 지금 학교 수업은 학생들에게 학습의 즐거움을 경험하도록 하고 있을까?

학생 개개인의 다양성을 지원하기 위하여

학습의 속도와 목표가 다른 학생들을 수직적으로 서열화하는 것은 그들의 학습 의욕을 저하시킨다. 고교학점제는 학생 선택형 교육과정 운영을 통해 학생이 자신의 능력과 적성에 맞추어 학습하고 자신의 역량을 최대한 발휘할 수 있도록 지원한다.

우리 사회는 저출산으로 인한 학령인구 및 생산연령인구 감소가 인력 부족, 지역 공동화 등 국가 성장 잠재력 약화로 이어질 우려가 있다. 그렇기에 모든 학생의 잠재력과 역량을 키울 교육체제를 구현하여 국가 경쟁력 강화 및 지역 혁신을 위한 기반을 마련해야 한다.

"한 아이를 키우기 위해서는 마을 전체가 필요하다."라는 아프리카 속담이 있다. 한 명 한 명의 아이를 잘 키워 내기 위해서는 사회 전체의 전폭적인 지원과 상호작용이 필요하다는 의미다. 고교학점제 선도지구 중 군포의왕 지역[5]에서는 학교와 지역사회를 기반으로 하는 '지역사회 학습장을 활용한 지역 교육과정 운영 모델' 정책 연구를 2021년 4월부터 8월

---

5) 〈2021년 고교학점제 선도지구 주요 운영 사례집〉, 교육부, 2022

까지 진행했다. 이는 고교학점제, 미래교육, 마을교육공동체 등은 상호연결될 수밖에 없는 개념이기 때문에 지역 교육과정을 개발하기 위한 인식조사 차원이었다. 그 결과 학생의 과목 선택권 확대 및 학교와 학교 간 교육협력 강화를 위하여 2021년에는 관내 오프라인 공동 교육과정을 8개교에서 13개 강좌를, 소인수 과목(주문형 강좌)을 4개교에서 11개 강좌를 개설, 운영했다. 2022학년도에는 이를 더욱 확대 운영하기 위하여 수요는 있으나 학교에서 개설이 어려운 과목을 지원하는 고교학점제 교과순회 전담교사제를 적극 활용 중이다.

〈1-1〉 군포의왕 지역 고교학점제 교과순회 전담교사제 운영 현황

개설 과목	운영 학교
연극/연극의 이해	4교
빅데이터 분석/프로그래밍	6교
심리학	5교

출처 : 〈2021년 고교학점제 선도지구 주요 운영 사례집〉, 교육부, 2022, p.16 재구성

학생 맞춤형 교육을 통한 책임교육[6]을 위하여

획일적인 교육으로는 학생의 학습 동기와 흥미를 유발할 수 없다. 이에 학생의 과목 선택권을 보장하는 진정한 학생 맞춤형 교육을 실현함으로써 학생의 학습 동기와 흥미를 불러일으키는 것이 고교학점제의 취지

---

6) 〈고교학점제 교과 이수 지원을 위한 책임교육 체제 구축 방안〉, 김소현 외 4인, 경기도교육연구원, 2021

다. 고교학점제가 성공하기 위해서는 먼저 다양한 분야에 대한 탐색을 거쳐 학생 스스로 진로를 설정하고 개척해 갈 수 있도록 교육과정 다양화와 더불어 진로와 학업 설계에 대한 안내가 이루어져야 한다. 그리고 모든 학생의 최소 학업성취를 담보하는 책임교육을 통해 평등한 출발선을 보장하는 학교 교육이 필요하다.

고교학점제 책임교육이란 좁은 의미로는 "학생들이 자신이 선택한 과목의 이수기준을 충족할 수 있도록 교사가 다양한 사전 예방적 교수학습 전략 혹은 사후 보충적 전략을 통해 지원하는 시스템"을 말한다. 그리고 넓은 의미로는 "교육과정 편성에서부터 학생의 진로와 적성에 맞는 교육과정이 개설되고, 맞춤형 수업과 과정 중심의 평가를 통하여 선택한 교과에서 요구되는 이수기준을 충족하여 졸업에 요구되는 모든 학점을 성공적으로 취득하도록 지원하는 학사 운영의 총체적 과정"을 말한다.

3. 고교학점제는 학교에 어떤 변화를 가져올까?

2021년 교육부는 "고교학점제를 통하여 학생은 주어진 교육과정을 수동적으로 따라가는 존재에서, 자신에게 필요한 수업을 스스로 선택하고 자신의 진로를 개척해 나가는 자기 주도적인 존재로 변화할 수 있다."[7]고 했다. 고교학점제 아래서 학생이 자기 주도적으로 자신에게 필요한 수업

7) 〈고교학점제 연구학교 운영 안내서〉, 교육부 · 한국교육과정평가원, 2020

을 선택하여 진로를 개척할 수 있으려면 학교가 먼저 변화해야 하는 것은 당연한 일이다. 과연 학교는 어떤 변화를 이루어야 할까?

수요자 중심 교육과정으로 변화

학교는 학생 수요 조사를 거쳐 개설 과목을 정하고, 학생은 수강신청을 통해 이수할 과목을 확정한다. 고등학교 교육과정은 모든 교과 영역을 구분 없이 자유롭게 선택하도록 하는 '완전 개방형' 교육과정과 일부 교과 영역 내에서만 과목을 선택하도록 하는 '부분 개방형'으로 편성된다. 고교학점제를 시범운용 중인 학교의 운영 성과를 보면 완전 개방형 교육과정을 운영하는 비율이 연구학교가 34.1%로, 17.5%인 선도학교와 10.1%인 일반학교에 비해 높았다.[8] 고교학점제가 본격 적용되면 교원 수급 상황에 따라 교사가 가르칠 수 있는 과목 위주의 교육과정 개설에서 벗어나 학생의 진로와 적성, 흥미 중심의 교육과정 개설로 변화될 것이다. 이는 교육과정의 편성과 운영이 공급자 중심에서 수요자 중심으로 변화함을 의미한다.

교사의 역할 변화 [9]

학생들의 과목 선택, 진로 탐색을 돕기 위해 학교에서는 진로집중주간, 과목 설명회 등을 실시한다. 이를 위해 교사는 교과지식 전달자, 학생 관리자, 대학입시 및 진학 지도 전문가에서 학생의 성장과 학습을 지원하는 조력자이자 교수학습 전문가로 변화해야 한다.

---

8) 〈고교학점제 도입에 따른 교육과정 이수 지도 실태 분석〉, 한국교육과정평가원, 2020
9) 〈고교학점제 도입 · 운영 안내서〉, 교육부 · 한국교육과정평가원, 2022

담임교사의 역할 역시 달라진다. 기존의 행정학급 운영을 담당하는 역할에서 벗어나 학생 소그룹별로 배정되는 담임으로서 개별 학생에 대해 강화된 상담을 담당하게 된다. 따라서 1학년 담임은 주로 수강신청과 3개년 학업 설계를, 2~3학년 담임은 진로 학업 설계 점검과 변경 그리고 교육과정 이수 과정 관리를 상담한다.

〈1-2〉 담임교사의 역할 변화

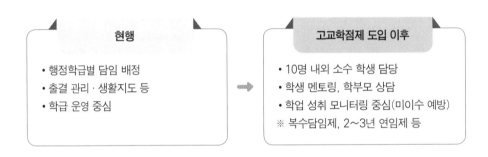

교과교사는 고교학점제의 취지를 고려해 담당 과목의 교수학습 및 평가 방식을 연구하고 실행하는 교수학습 전문가로서의 역할을 수행해야 한다. 특히 최소 성취수준 도달 지도를 통해 미이수 예방에 힘써야 한다.

〈1-3〉 교과교사의 역할 변화

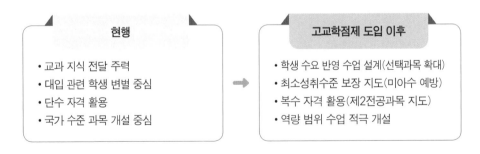

진로전담교사는 학생의 진로 탐색을 위한 진로검사 및 상담, 진로정보 제공, 진학지도 등의 진로 교육을 실시하고, 담임교사와 협업하여 학생의 진로 학업 설계 및 이수 지도 등의 역할을 수행한다.

〈1-4〉 진로전담교사의 역할 변화

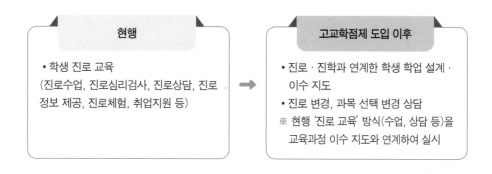

고교학점제에서 교육과정 담당교사는 학생의 진로 학업 설계에 따라 희망하는 과목의 이수를 최대한 보장하는 학교 교육과정을 기획하고 설계하는 데 있어서 중심적인 역할을 수행해야 한다.

〈1-5〉 교육과정 담당교사의 역할 변화

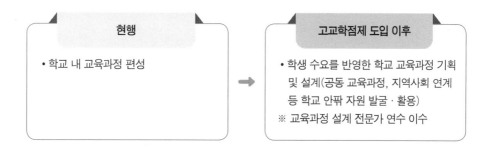

학교 관리자인 교장과 교감은 고교학점제 도입에 따른 교육과정 운영의 비전을 제시하고, 교육과정 운영을 위한 학교 안팎의 소통과 협력체제 구축에 힘써야 한다. 그리고 고교학점제 시행은 교사들의 업무 부담을 수반하므로 이를 조정하거나 실질적으로 경감할 수 있도록 학교 교육과정 리더 및 지원자로서의 역할도 적절히 수행해야 한다.

〈1-6〉 교장 및 교감의 역할 변화

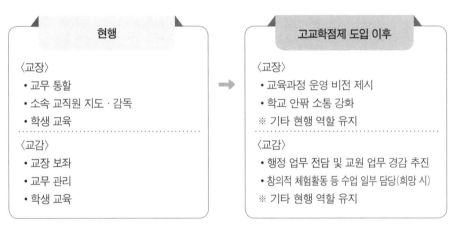

〈1-2〉~〈1-6〉 출처 : 〈포용과 성장의 고교교육 구현을 위한 고교학점제 종합 추진계획〉, 교육부, 2021

　　마지막으로 고교학점제 시행은 학생의 희망에 따라 개설 과목이 확대되고 학기마다 교과목별 수업 시수 변동이 생길 수밖에 없다. 따라서 모든 교사가 다과목 지도 환경에 적응해야 하는 과제가 따른다. 다과목 지도교사는 수업 준비와 평가에 따른 부담이 있으므로, 지도하는 교과목의 특성에 따라 학교 내 교사 평균 수업 시수보다 적은 시수를 배정하거나 성과급을 반영하는 등의 협의가 필요하다.

성취평가제의 확대

고교학점제는 학생들의 다양성을 존중하는 교육 제도로 학생들에게 같은 것을 배우기를 강요하지 않고, 저마다의 개성을 발휘하며 자신에게 필요한 것을 자기 주도적으로 학습하도록 지원한다. 따라서 학생이 성적에 구애받지 않고 최대한 자신의 진로와 적성을 고려하여 자유롭게 과목을 선택할 수 있도록 제도적 뒷받침이 마련되어야 한다. 이를 위해서는 '상대적으로 누가 더 잘했는지'보다는 '학생이 무엇을 어느 정도 성취했는지'를 평가하는 '성취평가제'의 확대가 필요하다. 성취평가제는 개인의 성취수준에 따른 절대평가로 성취도별 맞춤형 수업 및 피드백을 제공한다. 더 자세한 내용은 학생평가지원포털(stas.moe.go.kr)에서 알 수 있다.

〈1-7〉 고교학점제 도입에 따른 학교의 변화

	현행	고교학점제 도입 이후
교육과정	• 교사 중심 획일적 교육과정 • 대학 진학 중심(일반계고) • 학급별 시간표	• 학생 선택형 교육과정 • 진학, 취업, 예체능 등 진로 존중 • 학생 개인별 시간표
학사운영	• 출석일수만 채우면 졸업 • 학업 참여 동기 부족	• 출석＋학점 취득해야 졸업 • 학업 이행 책무성 부여
교수자원	• 소속 학교 교사의 수업 수강	• 타 학교 수업, 온라인 수업 수강 • 학교 밖 전문가 수업 참여
학습공간	• 소속 학급 중심의 생활 • 일반교실 중심의 획일적 공간	• 선택과목 중심의 이동수업 • 학습 · 지원 · 공용공간 등 다변화
고교체제	• 고교 다양화가 서열화 초래 • 학교별 분절적 교육과정 운영	• 학교 내에서 학생별 맞춤형 교육 • 지역 교육공동체 구축

출처 : 〈포용과 성장의 고교교육 구현을 위한 고교학점제 종합 추진계획〉, 교육부, 2021

Chapter 2

학교 교육과정 편성·운영과 고교학점제

✓

1. 학교 교육과정이란?

학교 교육과정은 국가 교육과정 기준과 시도 교육과정 편성·운영 지침을 근거로 하여 지역의 특수성, 학교 실정, 학생의 실태에 맞게 학교별로 마련한 구체적인 실행 교육과정이다. 학교 교육과정은 교육 목표, 내용, 방법, 평가 등에 대한 구체적인 실행 교육 프로그램이며, 특색 있는 교육 설계도이자 상세한 교육 운영 계획이다.

학교 교육과정을 제대로 편성·운영하기 위해서는 먼저 교원의 소식, 학생의 실태, 학부모의 요구, 지역사회의 실정 및 교육 시설·설비 등 교육 여건과 환경을 고려하여 계획을 세우고 추진해야 한다.

2. 교과 및 창체 교육과정 결정을 위한 고려 사항은?

학교 교육과정에서는 기본적으로 교과 및 창체 교육과정을 설계해야 하는데, 이때 먼저 생각해야 할 것은 학생의 수준과 상황을 고려한 교육 내용 및 방법, 학습 시간 및 시기, 학습 형태, 학습 매체, 그리고 평가 방법이다.

교과 및 창체 교육과정 결정 시 고려해야 할 상세 사항은 다음과 같다.[10]

① 교육 내용별 소재 결정
- 지역과 학교에 적절한 교수학습 소재 선택
- 학습자의 삶과 연계된 것 우선 선택(친근한 것, 구체적인 것, 최근의 것, 간단한 것, 보편적인 것)
② 교육 방법의 결정
- 강의식 교육보다는 팀 티칭, 프로젝트 학습 등 다양한 교육방법 도입
- 소그룹별 공동 과제 해결 활동, 개별 학습 활동이 가능한 교육 방법 선택
- 수준별 수업 교과의 학습 결손을 보충할 수 있도록 '특별 보충수업'의 운영 방법 결정

---

10) 〈2015 개정 교육과정 총론 해설 – 고등학교〉, 교육부, 2017

③ 학습 시간의 결정

– 교육 내용의 수준과 분량, 특성, 학습 형태와 방법 등을 고려하여 적정 학습 시간 배당

– 블록타임 수업이나 정일제 등 고정적인 학습 시간 배당에서 벗어나 유연하고 융통성 있게 운영

– 심도 있는 학습이 이루어질 수 있도록 개인차에 따른 소집단별 학습 기간 고려

④ 학습 시기의 결정

– 교육 내용별로 학습하기 가장 알맞은 시기 결정

– 계절, 기후, 세시 풍속, 국가 및 지역 행사, 환경, 자연 생태, 각종 역사적 · 사회적 사건 등과 관련된 교육 내용은 가장 적절한 시기에 학습이 이루어지도록 편성

⑤ 학습 형태와 학습 조직의 결정

– 학습 과제 특성에 적합한 학습 형태와 학습 조직 선택

– 학생 중심의 다양한 학습이 조화 있게 이루어지도록 배합하여 조직

– 수준별 수업 운영을 위한 학습 형태와 학습 조직 결정

⑥ 학습 매체의 결정

– 교수학습에 필요한 준비물과 교과서 외의 다양한 학습 매체 활용

⑦ 평가 계획의 결정

– 평가 도구와 평가 방법, 평가 시기 등을 결정

– 학생의 학습과 성장을 지원할 수 있는 과정 중심의 평가가 이뤄지도록 다양한 평가 방법 선정

3. 학생의 자기 주도적 교육과정 이수를 위한 지원 방안은? [11]

학생의 자기 주도적 진로 및 학업 설계 지원

고교 1학년 1학기를 진로집중학기로 운영하여 공통과목과 연계한 진로탐색, 개인별 학업 계획서 작성 등을 지도한다. 또한 '교육과정 설계 전문가 양성 과정' 운영을 통해 교사의 학생 맞춤형 교육과정 설계 역량을 강화한다. 교육과정 설계 전문가가 각 학교에 배치되어 담임교사, 진로전담교사가 학생의 진로 및 학업 계획을 구체화하는 일을 지원한다. 효과적 지원을 위하여 2, 3학년에서는 10~15명 내외의 학생 그룹별로 담임교사를 배정하여 학습 관리, 진로 및 학업 상담, 생활지도 등을 실시하도록 하는 소인수 담임제를 운영한다.

다음은 학교 교육과정 편성·운영 방향과 관련하여 참고할 내용이다.

① 균형 이수 : 3년간 192학점을 균형 있게 취득하도록 학기별 수업량을 고르게 편성
② 학생 선택과목 유지 : 학생 과목 선택권 확보를 위해 선택과목 수 축소 지양
③ 효율적 시간표 운영 : 소인수 과목, 공동 교육과정, 학교 밖 교육 등 일과 중 운영 확대
④ 공강 운영 대비 : 공강 발생 현황(학급별, 학생별)에 따른 공강 시간 활용 방안 마련

---

11) 〈포용과 성장의 고교교육 구현을 위한 고교학점제 종합 추진계획〉, 교육부, 2021

– 등교 시간 등 학교 일과 준수

– 담당교사 지정 장소, 홈베이스 도서관 등 공간 특성을 활용

학생 선택형 교육과정 편성 · 운영 지원

학생 선택형 교육과정은 학생이 자신의 흥미와 적성에 따라 진로를 탐색하면서 자율적인 과목 선택을 통해 학생 스스로 만들어 가는 교육과정을 의미한다.

학생 선택형 교육과정의 목적은 ① 입시와 경쟁 중심의 획일적인 교육에서 벗어나 모든 학교에서 다양하고 특색 있는 고교교육 실현, ② 진로설계와 성장을 돕는 학생 중심 교육과정 운영을 통해 자신의 삶을 스스로 개척하는 자기 주도적 역량 함양, ③ 학생의 진로와 학업 수요를 최대한 반영하여 다양한 선택과목을 편성 · 운영함으로써 학생의 실질적인 과목 선택권 보장에 있다.

학교 업무 조직 개선으로 효과적인 학점제 운영 지원

교육과정 관련 업무, 진로 학업 설계 관련 업무 등 고교학점제 운영을 중심으로 학교 조직 및 업무 분장을 새롭게 하여 업무 조직을 개선할 필요가 있다. 특히 교육과정 부장, 수석교사, 진로전담교사, 담임, 교육과정 설계 전문가 등이 협업할 수 있는 업무 조직으로의 변화는 필수적이다.

공동 교육과정 운영으로 다양한 선택과목 지원

학생의 과목 선택권을 확대하기 위해서는 학교에서 다양한 과목을 개설할 수 있어야 한다. 그러나 희망 학생이 적거나 교사 수급이 어려운 소

인수, 심화과목의 경우에는 학교에서 수업을 개설하기가 어려운 것이 사실이다. 이런 경우 여러 학교가 공동으로 과목을 개설하여 운영하는 '공동 교육과정'을 통해 어려움을 해소할 수 있다. 현재 시도교육청마다 다양한 방식으로 공동 교육과정을 운영하고 있으며, 자세한 내용은 교육부에서 운영하는 고교학점제 사이트(hscredit.kr/mng/educourse_offline.do)의 '공동 교육과정'을 참고하면 알 수 있다.

〈1-8〉 교육부 고교학점제 공동 교육과정

각 학교에서 개설하기 어려운 과목을 온라인에서 개설하여 여러 학교의 학생들이 공동으로 수강할 수 있도록 운영되는 온라인 공동 교육과정도 운영된다. 온라인 공동 교육과정 포털(교실온닷, edu.classon.kr)을 통해 더 자세히 알아볼 수 있다.

학교 밖 교육을 활용한 교육과정 이수 지원

고교학점제는 학생의 진로 적성과 연계하여 학교 밖 자원을 활용한 학습경험을 제공하고 수업을 삶과 연계하도록 지원한다. '학교 밖 교육'은 학생의 진로 적성과 연계된 내용으로 학교 내 또는 학교 간 개설 및 운영이 어렵다는 학교장의 판단에 따라 지역사회 기관에서 이루어지는 교육활동을 말한다. 이는 공공성을 가진 기관으로 시도교육감이 사전 승인한 기관에서의 교육을 원칙으로 하며, 이수학점 일부는 학교 안에서도 가능하다.

교사들의 다양한 교육과정 이수 지원

담임교사는 소수 학생을 담당하여 출결 관리, 생활지도 등 학급운영은 물론, 학업성취 모니터링 및 관리로 교육과정 이수를 지원한다. 교과교사는 단수 자격 활용 교과 수업에서 학생 수요를 반영하여 복수 자격 활용 다과목 지도를 통해 교육과정 다양화를 지원한다. 진로전담교사는 일반적 진로 교육에서 벗어나 진로 진학을 연계하여 학생의 학업 설계가 이뤄지도록 지도, 지원한다.

고교학점제 안착을 위한 교사 지원

고교학점제 종합 추진 계획에 의하면 개설 과목 증가, 학업 설계, 미이수 지도 등에 따른 교원 수요 증가를 고려하여 현장 수요 기반 교원 배치를 위한 새로운 교원 수급 기준을 마련할 예정이다. 실제로 2024년 고교학점제 연구학교와 선도학교에 시도교육청에서 교과교사 1인을 추가로 배치할 예정이며, 그 운영 결과 분석 등을 토대로 고교학점제 운영에 소요되는 추가 정원 산정 및 확보 계획을 수립하여 2025년 이후 실행할 예정이다.

교원 업무 경감을 위하여 고교학점제 담당교사, 공동 교육과정 관리교사 등의 업무보조인력(교무행정사 등)도 지원된다. 또한 선택과목 강사와 학교 내 개설이 어려운 과목을 중심으로 여러 학교를 순회하는 강사의 채용을 지원하고, 지역 대학 산학협력단 등과 협력하여 교수자원을 확보하여 단위학교 인력을 지원할 예정이다.

4. 학생의 학습경험 혁신을 위한 지원 방안은?[12]

미래형 교수학습 및 평가 지원

다양한 과목 개설과 함께 교과 융합 수업, 글쓰기, 주제 탐구 등 미래역량 함양을 위한 수업과 평가를 혁신한다. 이를 위해 교과협의회 등 자율적 교사 학습공동체를 활성화하여 단위학교의 수업 및 평가 혁신을 지원할 예정이다.

에듀테크 기반 고교교육 혁신 추진

2020년 10개교를 선정하여 학내 지능형 교육 환경을 구축하고, 교수학습 혁신, 개별 맞춤형 교육 등을 실현하는 에듀테크 선도 고교를 육성

---

12) 〈포용과 성장의 고교교육 구현을 위한 고교학점제 종합 추진계획〉, 교육부, 2021

했다. 이후 에듀테크 선도 고교 지정을 확대하여 대학과 연계한 인공지능 융합 교육 등 첨단기술과 학교 운영이 접목된 미래 고교교육 모델을 창출하여 확산할 계획이다.

창의적 체험활동의 재구조화

자기 주도적 진로 설계 역량 함양을 목표로 주제 중심 학습, 수업 혁신 등 교과 융합적 성격의 창체 영역을 도입한다. 기존 창의적 체험활동의 진로 활동과 탐구형 자율 활동을 통합한 '진로탐구 활동'을 신설하여 교과와 연계된 다양한 활동을 지원한다.

예를 들어 진로 관련 프로젝트 학습, 체험 중심의 학교 신설 과목, 교

〈1-9〉 교과와 창체 이수학점 및 시간 범위(안)

편성	현행		편성	개편안 (2025년 본격 시행 이후)		
교과	교과	180단위	교과	교과	174학점	
창체	진로 활동	24단위	창체	진로탐구 활동 (가칭)	9학점	18학점
	자율 활동 / 탐구형 / 자치형			동아리, 자치 등 (운영 방식 학교 자율 결정)	9학점	
	동아리 활동					
	봉사활동					
총합	204단위		총합	192학점		

· 기존의 봉사활동은 진로탐구 활동, 동아리 및 자치활동과 연계하여 운영

출처 : 〈포용과 성장의 고교교육 구현을 위한 고교학점제 종합 추진계획〉, 교육부, 2021

과 융합 활동 등을 학교의 자율성에 기반하여 단위학교의 교육 철학, 비전 등을 반영한 특색 있는 프로그램 운영 시간으로 활용할 수 있다. 또한 교내 활동과 더불어 학교 밖 자원과 연계하여 지역사회 박물관과 체육시설을 활용한 예술·체육 활동, 대학병원·지역 Wee센터·상담기관에서의 상담 지원, 외부 전문가 특강, 봉사활동 등을 운영할 수도 있다. 교과 연계가 강화된 창체 영역인 '진로탐구 활동'의 도입은 교과와 창체 간 이수학점을 균형적으로 감축하는 결과도 기대된다.

학생 친화적 학교 공간 조성

AI·AR 및 IoT 등 에듀테크를 활용하여 학습의 시간적, 공간적 제한과 가상공간과의 경계를 허무는 첨단 교수학습 환경을 구축한다. 미래교

〈1-10〉 고교학점제형 학교 공간 조성 구현상

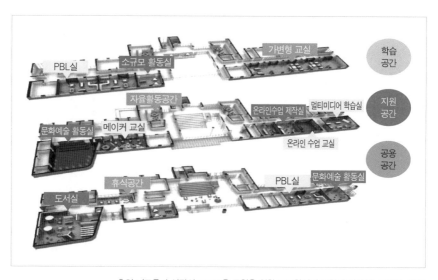

출처 : 〈포용과 성장의 고교교육 구현을 위한 고교학점제 종합 추진계획〉, 교육부, 2021

육 환경 변화에 대응하여 다양한 교수학습 방법 구현과 학급 단위 수업 등 정형화된 틀을 깨기 위한 융복합적 학습 공간의 필요가 점점 커지고 있다. 이를 위해 교사와 학생 등 학교 구성원이 직접 공간 설계에 참여하여 사용자 참여 중심의 설계에 따른 학생 친화적 공간으로 학교를 재구조화할 예정이다. 그 결과 학생 참여 중심의 개별학습을 기반으로 한 구성원 간 협업 강화를 통해 창의성과 문제해결력을 키우는 협력적 학습 공간이 마련될 것이다.

Chapter 3

교육과정 편성표 읽기

1. 2015 개정 고등학교 교육과정 편성은?

고등학교는 선택 중심 교육과정

초등학교 1학년부터 중학교 3학년까지는 공통 교육과정이고, 고등학교 1학년부터 3학년까지는 선택 중심 교육과정이다.

교육과정은 교과 영역 및 교과(군)로 구분

기초, 탐구, 체육·예술, 생활·교양 4개 교과 영역과 9개의 교과(군)로 구성된다.

교과는 보통교과와 전문교과로 구분

보통교과는 모든 고등학교에서 공통으로 편성·운영하는 교과이며, 교과 영역을 구분하여 제시하고 있다. 4개 교과 영역 내에 하위 분류로 9개 교과(군)를 두었으며, 교과(군)별 또는 교과 영역별로 필수 이수 단위를

〈1-11〉 교과 영역과 교과(군)

교과 영역	기초				탐구		체육 · 예술		생활 · 교양
교과(군)	국어	수학	영어	한국사	사회 (역사, 도덕 포함)	과학	체육	예술	기술 · 가정, 제2외국어, 한문, 교양

제시하여 학생이 균형 있게 과목을 이수할 수 있도록 하고 있다.

전문교과는 특수목적고등학교(산업수요 맞춤형 고등학교 제외)에서 편성하는 전문교과Ⅰ과 특성화고등학교와 산업수요 맞춤형 고등학교에서 편성하는 전문교과Ⅱ로 구분된다.

〈1-12〉 2015 개정 고등학교 교육과정

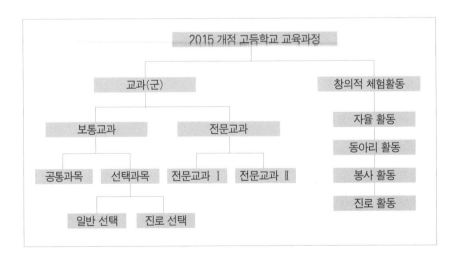

모든 고등학생이 이수해야 하는 공통과목

보통교과에는 기초 소양 함양과 기본 학력을 갖추기 위하여 모든 학생이 이수해야 하는 공통과목과 선택과목이 있다. 공통과목은 국어, 수학, 영어, 한국사, 통합사회, 통합과학(과학탐구실험 포함)이며, 선택과목은 일반 선택과목과 진로 선택과목으로 구분한다.

학생의 적성과 진로에 따른 맞춤형 선택과목

문·이과 구분 없이 모든 학생들은 공통과목을 통해 기초 소양을 함양하고, 학생 각자의 적성과 진로에 따라 맞춤형으로 선택과목을 배운다.

일반 선택과목은 고등학교 단계에서 교과별 학문에 대해 기본적으로 이해해야 하는 내용으로 구성되어 모든 학생이 폭넓게 선택할 수 있는 과목이다. 그리고 진로 선택과목은 학생이 자신의 적성과 진로에 따라 선택할 수 있는 과목이다. 이는 교과 융합학습, 진로 안내학습, 교과별 심화학습, 실생활 체험학습 등이 가능한 과목으로 구성되어 있으며 학생의 진로에 따른 선택권을 확대하기 위해 3개 이상 이수하도록 하고 있다.

2. 고교학점제 시행으로 교육과정은 어떻게 달라지나?[13]

진로 · 적성에 따른 맞춤형 교육과정 구현

학생들이 진로 · 적성에 맞게 배우면서 자기 주도적 학습능력과 미래

---

13) 《더 나은 미래, 모두를 위한 교육 2022 개정 교육과정 총론 주요사항[시안]》, 교육부, 2021

성장 잠재력을 키울 수 있도록 맞춤형 교육과정을 구현한다.

1학점 수업량을 50분 기준 17(16+1)회에서 16회로 전환하는 한편 학교가 교과 융합수업, 미이수 보충지도 등 다양한 프로그램을 자율적으로 운영할 수 있도록 수업일수는 그대로 유지한다. 이로써 수업량 적정화가 이루어지면 여분의 수업량을 활용할 수 있게 될 것이다.

고교체제 개선을 반영한 과목 구조 개편

현행 4개의 교과 영역(기초/탐구/체육·예술/생활·교양 영역)은 삭제한다. 대신 교과(군)로 체제를 개선, 과목 구조를 개편한다.

〈1-13〉 과목 구조 개편

현행			고교학점제 도입 이후 개편 방안			
교과	과목		교과	과목		과목 성격
보통	공통과목		보통	공통과목		기초 소양 및 기본 학력 함양, 학문의 기본 이해 내용 과목 (학생 수준에 따른 대체 이수 과목 포함)
	일반 선택과목			선택과목	일반 선택	교과별 학문 내의 분화된 주요 학습 내용 이해 및 탐구를 위한 과목
	진로 선택과목				융합 선택	교과 내·교과 간 주제 융합 과목, 실생활 체험 및 응용을 위한 과목
전문	전문교과 Ⅰ (특목고)				진로 선택	교과별 심화 학습(일반 선택과목의 심화 과정) 및 진로 관련 과목
	전문교과 Ⅱ (특성화고)		전문	전문공통		직업 세계 진출을 위한 기본 과목
				전공일반		학과별 기초 역량 함양 과목
				전공실무		NCS 능력 단위 기반 과목

출처 : 〈포용과 성장의 고교교육 구현을 위한 고교학점제 종합 추진계획〉, 교육부, 2021

고교 단계 기초 소양 함양을 위해 공통과목은 유지한다. 주로 특목고를 중심으로 개설되는 전문교과Ⅰ을 보통교과로 편성하여 일반고에서도 선택 가능하도록 하고, 전문교과Ⅱ는 '전문교과'로 과목 구조를 재배치한다. 선택과목에 융합 선택과목이 신설되어 일반 선택, 진로 선택, 융합 선택 3개 영역으로 개편된다.

학교 간 공동 교육과정 운영으로 과목 선택권 보장

공동 교육과정이란 "희망 학생이 적거나 교사 수급 곤란 등으로 단위학교에서 개설이 어려운 소인수·심화 과목 등을 여러 학교가 공동으로 개설하여 온오프라인 방식으로 운영하는 교육과정"이다.

서울특별시교육청은 거점형과 연합형 선택 교육과정, 세종특별자치시교육청은 캠퍼스형 공동 교육과정, 인천광역시교육청은 꿈두레 공동 교육과정, 그리고 경기도교육청은 교육과정 클러스터라는 공동 교육과정을 운영한다. 그리고 기존에 오프라인에서 제공되던 공동 교육과정을 실시간 쌍방향 온라인 방식으로 제공하는 온라인 공동 교육과정을 운영하여 학생의 과목 선택권을 보장한다. 특히 온라인 공동 교육과정(교실온닷)에서는 소인수·심화 과목 등을 중심으로 과목을 개설하여 운영되므로 학생의 과목 선택권이 더욱 확대된다.

3. 교육과정 편성표 살펴보기

교육과정 편성표는 3개년 동안의 교육과정을 한눈에 볼 수 있도록 만든 표이다. 고등학교 교육과정 편성표를 예시로 하여 자세히 살펴보자.

〈1-14〉 교육과정 편성표 1

교과 영역	교과 (군)	과목	기준 단위	운영단위				1학년		2학년		3학년		영역 합계	필수 이수 단위
				공통	일반	진로	전문	1학기	2학기	1학기	2학기	1학기	2학기		
① 기초	국어	국어	8	8				4	4					22	10
		문학	5		4					4					
		독서	5		4						4				
		화법과 작문	5		3							3			
		고전 읽기	5			3							3		
	수학	수학	8	8				4	4					16	10
		수학 I	5		4					4					
		수학 II	5		4						4				
	영어	영어	8	8				4	4					22	10
		영어 I	5		4					4					
		영어 II	5		4						4				
		영어 독해와 작문	5		6							3	3		
	한국 사	한국사	6	6				3	3					6	6

출처 : 경기도 ○○고등학교 2022 입학생 교육과정 편성표

① 세로축은 4개의 교과 영역(기초, 탐구, 체육·예술, 생활·교양)과 9개의 교과(군)로 구분한다.

② 가로축은 운영 단위와 학년 구분이 있다. 각 과목별로 숫자가 채워져 있는데, 이는 일주일 동안의 수업 시간을 의미한다. 예를 들어 '4'는

일주일에 4시간을 수업하고 한 학기 17주를 수업하게 되므로 이를 4단위라고 한다. 고교학점제에서는 '단위'가 '학점'으로 전환되며 1학점은 일주일에 1시간 수업을 16회 실시하는 것을 의미한다.

③ 기초 영역에 해당되는 교과(군)은 국어, 수학, 영어, 한국사다.

- 국어 교과는 1학년에서 국어 과목을 공통과목으로 1, 2학기 각 4단위씩 8단위가 편성되어 있다. 일반 선택과목으로는 2학년 1학기에 문학 4단위, 2학기에 독서 4단위, 화법과 작문은 3학년 1학기에 3단위를 이수하도록 되어 있다. 진로 선택과목으로는 고전 읽기를 3학년 2학기에 3단위를 선택할 수 있도록 편성되어 있다.

- 수학 교과는 1학년에서 수학 과목을 공통과목으로 1, 2학기 각 4단위씩 8단위가 편성되어 있다. 일반 선택과목으로 수학 I 은 2학년 1학기에 4단위를, 수학 II 는 2학년 2학기에 4단위를 선택할 수 있다. 수학 교과는 위계 과목으로 수학 I 을 이수한 후 수학 II 를 이수해야 한다.

- 영어 교과는 1학년에서 영어 과목을 공통과목으로 1, 2학기 각 4단위씩 8단위가 편성되어 있다. 일반 선택과목으로 영어 I 은 2학년 1학기에 4단위를, 영어 II 는 2학년 2학기에 4단위를 이수하도록 편성되어 있다. 영어 I 과 II 는 위계 과목으로 영어 I 을 이수한 후 영어 II 를 이수해야 한다. 영어독해와 작문도 일반 선택과목으로 3학년 1, 2학기에 각 3단위씩 6단위가 편성되어 있다.

- 한국사는 공통과목으로 1학년에서 1, 2학기에 3단위씩 6단위가 편성되어 있다.

④ 탐구 영역에서는 공통과목 중 통합사회는 1학년 1, 2학기에 각 3단

〈1-15〉 교육과정 편성표 2

교과영역	교과(군)	과목	기준단위	운영단위				1학년		2학년		3학년		영역합계	필수이수단위	
				공통	일반	진로	전문	1학기	2학기	1학기	2학기	1학기	2학기			
탐구	사회	통합사회	8	6				3	3					6	10	
	과학	통합과학	8	6				3	3					8	12	
		과학탐구실험	2	2				1	1							
	탐구 교과 선택	세계지리/동아시아사/현대 세계의 변화/윤리와 사상/경제/생활과 헌법/사회문제탐구/물리학Ⅰ/화학Ⅰ/생명과학Ⅰ/지구과학Ⅰ 〔택4〕	5		4					4				16	-	④
			5		4						4					
			5		4					4						
			5		4						4					
체육·예술	체육	체육	5		4			2	2					10	10	⑤
		운동과 건강	5		4					2	2					
		스포츠 생활	5			2						1	1			
	예술	음악↔미술	5	3↔3				3	3					10	10	
		음악 연주/미술 창작 〔택1〕	5			4					2	2				
생활·교양	기술·가정 한문	기술·가정↔한문Ⅰ	5	3↔3				3	3					16	16	⑥
	생활·교양 교과 선택	중국어Ⅰ/러시아어Ⅰ 〔택1〕	5		6					3	3					
		심리학/보건/실용 경제/환경/세계시민/미디어 비평(신설 예정)/컴퓨터 활용(신설 예정) 〔택1〕	5		4							2	2			

출처 : 경기도 ○○고등학교 2022 입학생 교육과정 편성표

위씩 6단위가, 통합과학은 1학년 1, 2학기에 각 3단위씩 6단위가, 과학탐구실험은 1학년 1, 2학기에 각 1단위씩 2단위가 편성되어 있다.

⑤ 체육·예술 영역에서는 체육 교과 중 일반 선택과목인 체육은 1학년에서 1, 2학기에 각 2단위씩 4단위를, 운동과 건강은 2학년 1, 2학기에 각 2단위씩 4단위가 편성되어 있고, 진로 선택과목인 스포츠 생활은 3학년 1, 2학기에 1단위씩 2단위가 편성되어 있다. 예술 교과에서는 일반 선택과목으로 음악과 미술이 1학년 1, 2학기에 3단위씩 교차하여 편성되어 있다. 또한 진로 선택과목으로 음악 연주와 미술 창작이 2학년 1, 2학기에서 각 2단위씩 4단위가 편성되어 있는데, 학생은 이 중 하나를 선택할 수 있다.

⑥ 생활·교양 영역에서는 일반 선택과목으로 기술·가정과 한문이 1학년 1, 2학기에 3단위씩 교차하여 편성되어 있으며, 중국어 I 과 러시아 I 이 2학년에서 1, 2학기에 3단위씩 6단위가 편성되어 있다. 학생은 중국어 I 과 러시아 I 중 하나를 선택할 수 있다. 그리고 그 외 과목들은 3학년 1, 2학기에서 각 2단위씩 4단위가 편성되어 있어 학생은 이 중 하나를 선택하여 이수할 수 있다.

⑦ 교과 영역 간 선택과목으로는 실용 국어/확률과 통계/기하/영어권 문화/정보/러시아 문화가 2학년 1학기와 2학기에 각 3단위씩 편성되어 있다. 학생은 이 중 2개를 선택하여 이수할 수 있다.

⑧ 그 외의 과목들은 7개를 선택하여 3학년에서 6단위를 이수하도록 편성되어 있다.

⑨ 학기별 교과 영역 이수 단위 총합은 30단위로, 이는 일주일에 30시간 수업을 듣는다는 의미이다.

여기에 더하여 창의적 체험활동은 학기별로 68시간, 4단위를 이수하

교과영역	교과(군)	과목	기준단위	운영단위				1학년		2학년		3학년		영역합계	필수이수단위	
				공통	일반	진로	전문	1학기	2학기	1학기	2학기	1학기	2학기			
		실용 국어/확률과 통계/기하/영어권 문화/정보/러시아 문화 [택2]	5		3					3				6		⑦
			5		3						3					
교과 영역 간 선택과목		언어와 매체/심화국어/미적분/수학과제탐구/심화 수학Ⅰ/실용수학/심화 영어독해Ⅰ/실용 영어/한국지리/여행지리/사회·문화/정치와 법/한국 근·현대사/생활과 윤리/물리학Ⅱ/화학Ⅱ/생명과학Ⅱ/지구과학Ⅱ/생활과 과학/물리학 실험/화학 실험/생명과학 실험/지구과학 실험/음악 전공 실기/드로잉/스포츠 경기 분석/체육 전공 실기 심화/ 공학일반/가정과학/정보과학/중국어 회화Ⅰ/러시아어 회화Ⅰ [택7]	5		6							3	3	42		⑧
			5		6							3	3			
			5		6							3	3			
			5		6							3	3			
			5		6							3	3			
			5		6							3	3			
			5		6							3	3			
학기별 이수 단위 소계			–	–	–	–	–	30	30	30	30	30	30	180	180	⑨

출처 : 경기도 ○○고등학교 2022 입학생 교육과정 편성표

도록 편성되어 있다. 따라서 학기별 이수 단위는 총 34단위, 일주일 수업 시간은 34시간이다.

Chapter 4

진로 선택과목과 대학입시

1. 진로 선택과목은 대학입시에 어떻게 반영될까?

3단계로 절대평가

고등학교 진로 선택과목은 공통과목이나 일반 선택과목과는 달리 석차 등급을 산출하지 않는다. 또한 원점수 기준으로 80점 이상이면 A, 60점 이상은 B, 60점 미만인 경우 C로 성취도가 부여되어 학생들의 학업 스트레스가 상대적으로 덜하게 된다.

정성평가 반영도 가능

진로 선택과목을 정성평가할 경우에는 진로 선택과목과 지원 전공(계열)과의 관련성, 과목별 세부능력 및 특기사항에 기재된 내용을 통해 드러난 전공 또는 학업 관련 관심과 노력들이 중요한 사항이 될 수 있다. 또한 진로 선택과목은 석차 등급은 없지만 과목 성취도, 성취도별 분포 비율, 원점수, 과목 평균, 이수 단위, 이수자 수 등을 최대한 활용하여 평가의 질을 높일 수 있을 것이다.

이수 현황을 평가에 반영

학생 진로에 대한 방향과 목표, 의지, 성취 등을 파악할 수 있고 진로 선택과목 이수 현황을 통해 학생 개인을 세밀하게 평가할 수 있지만, 학교 여건에 따라 선택과목 이수가 제한될 경우 불이익을 받을 수도 있다.

2. 2028 대입전형 개편을 위해 무엇을 준비할까?[14]

고교학점제, 2022 개정 교육과정 등 미래교육 정책 추진에 따라 학교 수업의 다양화·개별화, 공교육을 통한 자기 주도적 진로 설계 등 역량 교

〈1-17〉 2028학년도 대입 개편안 추진 로드맵(안)

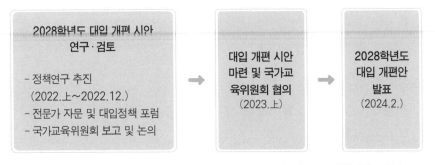

출처 : 〈더 나은 미래, 모두를 위한 교육 2022 개정 교육과정 총론 주요사항[시안]〉, 교육부, 2021

---

14) 〈더 나은 미래, 모두를 위한 교육 2022 개정 교육과정 총론 주요사항[시안]〉, 교육부, 2021

육을 지원하기 위한 '미래형 평가—대입제도 개편'을 추진하고 있다. 내신 평가 및 학생부 기재 방법, 수능 시험과목 및 출제범위, 수능 및 대입전형 체계, 공론화 방식, 교사 전문성 강화와 입학사정관 역량 강화 등 현장 안 착 및 사전준비 방안 등의 논의를 거쳐 2023년 10월에 대입제도 개편 시 안을 마련하였다. 그리고 2028 대입 개편 시안에 대해 국가교육위원회를 중심으로 심층 논의 및 의견 수렴을 진행한 후 '2028 대학입시제도 개편 안'을 확정할 예정이다.

2

Part

192
Credits

3 years

road map

고교학점제,
중학교부터
준비하자

✓

진로지도
활동지 모음

고교학점제, 중학생이 알아야 하는 이유!

✓

2025년에는 고교학점제가 전국 모든 고등학교에서 실시된다. 이미 일부 학교와 지역에서는 2021학년도부터 시범운영 형태로 고교학점제를 도입, 운영 중이다.

고교학점제는 고등학교에서 공부하는 3년 동안 '고등학교 졸업 후'의 삶을 위해 필요한 것을 배우고 익히기 위한 제도다. 대학에 진학할 예정이라면 전공할 학과에서 공부하는 데 필요한 기초실력을 쌓는 것이고, 취업을 준비한다면 희망하는 직무에 맞는 과목을 선택해 공부하는 것이다.

물론 고교학점제를 통해 '어떤 전공이 나에게 맞을까?', '어떤 식송/식무에 지원하면 좋을까?'를 탐색하고 미리 경험해 보는 것도 가능하다. 다만 진학과 취업의 치열함을 생각한다면 고등학교 시기에는 '두루 탐색하며 경험하기'보다는 '선택과 집중을 통한 준비하기'에 초점을 맞춰야 한다.

공통과목을 수강하는 고등학교 1학년 때 충분한 탐색과 고민을 할 수 있으리라 안심하지 말자. 특성화고등학교나 특수목적고등학교의 경우 고등학교에 입학하는 순간부터 '전공'의 특성에 맞는 교육과정을 수강하고 선택과목 역시 전공 계열 범위 내에서 선택지가 주어진다. 일반계 고등학교는 세분화된 전공 과정을 운영하지는 않지만 각 고등학교의 특성에 맞게 디자인한 교육과정이 있기에, 고등학교 입학을 준비할 때 자세히 알아보고 선택하는 것이 현명하다.

이제부터는 중학교에서 고교학점제를 어떻게 준비해야 하는지에 대해 알아보자.

고교학점제 준비 1단계
- 자기 탐색

✓

'자기 탐색'이라고 하면 '너 자신을 알라'는 말을 떠올리게 된다. 일상에서 흔하게 주고받는 말이지만 '너 자신에 대해 잘 알고 있니?'라고 학생들에게 물어보자. 자신 있게 대답하는 학생이 얼마나 될까? 사실 사회생활을 하는 성인에게도 어려운 것이 바로 '나'에 대해 아는 것, '자기 탐색'이다.

자기 탐색은 누가, 어떻게, 언제 해야 할까? 자기에 대해 가장 잘 아는 사람은 자기 자신이다. 하지만 자신에 대해 차분히 생각할 기회가 많지 않기에 수업과 다양한 교육 활동을 통해 학생들이 자기 자신을 들여다보고 생각할 수 있도록 도와야 한다. 또한 자기 탐색은 반복적으로 이루어져야 한다. 중학교 1학년의 심리검사 결과가 1년 뒤 재검사에서는 달라질 수 있다. 학생들은 계속 성장하기 때문에 자기 이해의 정도도 달라지고 흥미도 변하므로 발달 단계에 맞는 지속적인 자기 탐색 활동이 필요하다.

자기 탐색은 심리검사, 자서전 쓰기, 질문 기법, 인터뷰, 자료 분석 등 다양한 방법으로 할 수 있는데 여기에서는 학교 교육과정 내에서 할 수 있는 몇 가지를 소개한다.

1. 심리검사

학년 초 혹은 학기 초에 학생들의 특성을 파악할 수 있는 방법 중 대표적인 것이 바로 심리검사다. 보통 '표준화검사'라는 이름으로 흥미, 적성, 다중지능, 성격유형, 기질, 학습 역량 등을 평가하여 반 편성과 학습 상담, 진로진학 상담, 대인관계 상담 등 다양한 분야에서 활용한다. 심리검사는 실시 방법과 유형에 따라 종류가 다양한데 학교의 특성에 따라 다르지만 대부분 표준화된 자기 보고식 검사를 사용한다. 《교육심리학 용어사전》에서는 심리검사를 다음과 같이 정의하고 있다.

"언어적 내지 비언어적인 반응의 견본(행동견본)을 통하여 전인격의 일면 내지는 다면을 객관적으로 측정하는 도구 또는 그 도구를 사용하는 것을 의미한다. 심리검사에는 지능검사, 적성검사, 성격검사, 태도검사, 흥미검사 등이 모두 포함된다."[1]

고교학점제 준비와 관련하여 특정 심리검사가 유용하다고 단정할 수는 없다. 그러나 진로·진학 지도와 상담, 고등학교 선택 등과 관련하여 활용할 수 있는 다양한 심리검사는 꽤 유용할 것이다. 공공기관에서 제공하는 대표적인 자기 탐색용 무료 심리검사를 소개한다.

---

1) 한국교육심리학회, 《교육심리학용어사전》, 학지사, 2000

〈2-1〉 자기 탐색에 활용할 수 있는 무료 심리검사

심리검사 명	내용	검사처
직업적성 검사	직업과 관련된 다양한 능력을 어느 정도 가지고 있는가를 진단하여 자아 성찰과 진로 및 직업 세계 탐색에 도움을 주는 검사	커리어넷 (career. go.kr)
진로성숙도 검사	진로 선택과 결정에 대한 태도, 능력, 행동을 갖춘 정도를 측정하여 진로 관련 문제를 해결하고 대처해 나갈 준비가 되어 있는지를 알아보기 위한 검사	
청소년 진로발달 검사	자신의 진로발달 수준을 이해하고 이를 보완하기 위하여 노력하여야 할 점이 무엇인지를 확인하는 검사	워크넷 (work. go.kr)
청소년 인성검사	다양한 서로 다른 성격 특성의 모습을 측정하는 검사	
청소년 직업흥미 검사	직업 흥미에 적합한 직업과 학과에 대한 정보를 제공하는 검사	
직업가치관 검사	직업 선택 시 중요하게 생각하는 직업 가치관을 측정하고 직업 가치를 확인, 적합한 직업 분야 안내를 위한 검사	커리어넷, 워크넷
진로개발 역량검사	진로개발 역량 수준을 객관적으로 진단하고 지속적이고 효과적으로 진로개발 역량을 함양할 수 있도록 돕기 위한 검사	
창업가정신 핵심역량 진단	청소년들이 자신의 창업가적 역량을 발견하고, 이를 기반으로 효과적인 진로 설계를 할 수 있도록 도와주는 검사	온라인 창업 교육 플랫폼 (yeep.go.kr)
EDT 진로탐색 검사	직업과 관련된 다양한 능력을 어느 정도 가지고 있는지 진단하는 검사	EBS (ebsi.co.kr)
EDT 학습유형 검사	자신의 학습 특성을 이해하고 보다 효과적인 학습 전략을 수립하기 위한 검사	

한국직업능력연구원(국가진로교육연구본부 진로교육센터)에서 운영하는 커리어넷에서는 청소년용 진로심리검사 6종을 제공하고 있다. 커리어넷 내에서 커뮤니티를 구성하는 등 학교 교육과정 내에서 담임교사가 쉽게 활용할 수 있으며, 검사 후 활동과 상담 등을 제공하여 지속적인 자기 탐색에 용이하다. 워크넷이나 EBS, YEEP에서 제공하는 심리검사 역시 학습과 진학, 취업과 관련한 다양한 항목의 측정을 통해 학생 개인의 성향과 태도를 알아볼 수 있다. 이 외에도 다중지능검사, MBTI, 에니어그램, DISC 행동유형검사, 욕구강도검사, 도형심리검사, 옥타그노시스 등 다양한 심리검사들을 학교 교육과정 안에서 활용할 수 있다.

심리검사를 활용하여 자기 탐색을 실시할 때 가장 중요한 것은 '검사 후 교육적 활동이 이루어지는가'이다. 일부 학교에서는 전문(가)업체에 비용을 지불하고 심리검사를 실시하면서 검사 결과지를 학생들에게 나누어 주고 각자 읽어 보도록 하는 것으로 활동을 끝내곤 한다. 학사 일정상 시간을 내는 것이 쉽지 않더라도 비용과 시간을 들여 실시한 심리검사가 학생들의 학교 생활에 실질적인 도움이 될 수 있도록 상담 등 후속 활동을 반드시 진행하는 것이 좋다.

자기 보고식으로 실시한 심리검사는 검사 당시 학생의 상황에 따라 그 결과가 달라질 수 있기 때문에 검사 결과를 누적하여 살펴보는 것이 학생의 자기 탐색과 교사의 학생 이해에 도움이 될 수 있다.

학생이 다음과 같은 상황이라면 더욱 자기 탐색에 심리검사를 활용하는 것이 좋다.

심리검사 종합분석

학년	이름

심리검사 명	실시 학년					
	1학년		2학년		3학년	
직업 적성 검사	적성영역 (1~3순위)		적성영역 (1~3순위)		적성영역 (1~3순위)	
	추천 직업		추천 직업		추천 직업	
진로 성숙도 검사	높은 영역 (1~2순위)		높은 영역 (1~2순위)		높은 영역 (1~2순위)	
	낮은 영역 (1~2순위)		낮은 영역 (1~2순위)		낮은 영역 (1~2순위)	
직업 흥미 검사	흥미 유형 순위	R ( )	흥미 유형 순위	R ( )	흥미 유형 순위	R ( )
		I ( )		I ( )		I ( )
		A ( )		A ( )		A ( )
		S ( )		S ( )		S ( )
		E ( )		E ( )		E ( )
		C ( )		C ( )		C ( )
	추천 직업군		추천 직업군		추천 직업군	
	추천 고등학교 계열		추천 고등학교 계열		추천 고등학교 계열	
	추천 학습 방법		추천 학습 방법		추천 학습 방법	
직업 가치관 검사	주요 직업가치관 (1~3위)		주요 직업가치관 (1~3위)		주요 직업가치관 (1~3위)	
	가치지향 유형		가치지향 유형		가치지향 유형	
	관련 직업		관련 직업		관련 직업	

진로 개발역량 검사	진로개발역량유형		진로개발역량유형		진로개발역량유형		
	상위 진로설계 역량		상위 진로설계 역량		상위 진로설계 역량		
	상위 진로준비 역량		상위 진로준비 역량		상위 진로준비 역량		
진로 발달 검사	상위 진로태도성향		상위 진로태도성향		상위 진로태도성향		
	상위 진로관련지식		상위 진로관련지식		상위 진로관련지식		
	진로행동점수		진로행동점수		진로행동점수		
	상위 진로미결정요인		상위 진로미결정요인		상위 진로미결정요인		
인성 검사	외향성 점수		외향성 점수		외향성 점수		
	호감성 점수		호감성 점수		호감성 점수		
	성실성 점수		성실성 점수		성실성 점수		
	개방성 점수		개방성 점수		개방성 점수		
	정서적 불안정성 점수		정서적 불안정성 점수		정서적 불안정성 점수		
	주목할 하위요인		주목할 하위요인		주목할 하위요인		
학습 유형 검사	학습자유형		학습자유형		학습자유형		
	총체적 사고유형		총체적 사고유형		총체적 사고유형		
	학습성격		학습성격		학습성격		
	행동조절		행동조절		행동조절		
	추천 학습방법		추천 학습방법		추천 학습방법		
창업가 정신 핵심역량 진단	상위 역량 (1~3순위)		상위 역량 (1~3순위)		상위 역량 (1~3순위)		
	상위 핵심 역량군		상위 핵심 역량군		상위 핵심 역량군		
	추천 창업가		추천 창업가		추천 창업가		
DISC 행동유형 검사	유형별 순위	D ( ) I ( ) S ( ) C ( )	유형별 순위	D ( ) I ( ) S ( ) C ( )	유형별 순위	D ( ) I ( ) S ( ) C ( )	
애니어 그램	유형별 순위		유형별 순위		유형별 순위		
	날개		날개		날개		
	유사한 인물		유사한 인물		유사한 인물		
	추천 분야		추천 분야		추천 분야		

	유형		유형		유형	
MBTI	유사한 인물		유사한 인물		유사한 인물	
	추천 분야		추천 분야		추천 분야	
다중지능 검사	상위지능 (1~3순위)		상위지능 (1~3순위)		상위지능 (1~3순위)	
	추천 직업군		추천 직업군		추천 직업군	
	추천 전공		추천 전공		추천 전공	
욕구강도 검사	욕구별 순위	자유 ( ) 힘 ( ) 즐거움( ) 사랑 ( ) 생존( )	욕구별 순위	자유 ( ) 힘 ( ) 즐거움( ) 사랑 ( ) 생존( )	욕구별 순위	자유 ( ) 힘 ( ) 즐거움( ) 사랑 ( ) 생존( )
도형심리 검사	도형별 순위	세모 ( ) 네모 ( ) 동그라미 ( ) 별 ( )	도형별 순위	세모 ( ) 네모 ( ) 동그라미 ( ) 별 ( )	도형별 순위	세모 ( ) 네모 ( ) 동그라미 ( ) 별 ( )
옥타그 노시스	상위 성향 (1~3순위)		상위 성향 (1~3순위)		상위 성향 (1~3순위)	
	추천 전공 분야		추천 전공 분야		추천 전공 분야	
	추천 직업 분야		추천 직업 분야		추천 직업 분야	
	추천 공부법		추천 공부법		추천 공부법	
기타						
검사별 공통결과						
학생 의견						
학부모 의견						
종합분석						

심리검사를 통해 알아보는 나

Holland 검사와 욕구강도검사를 통해 내가 원하는 직업을 알아보자.

학년: 이름:

1. 직업흥미검사 결과를 아래 도표에 기록해 보자.

직업 분야	
전공 분야	

2. 욕구강도검사 결과를 아래 도표에 기록해 보자.

선호 환경 /행동	
추천 직업	

3. 두 검사에서 공통적으로 제시하는 직업이나 전공이 있다면 정리해 보자.

4. 3번에서 정리한 직업이나 전공에 대해 조사해 보자.

직업명/전공명	
하는 일/ 배우는 내용	

5. 친구들은 어떤 직업과 전공에 흥미를 가지고 있는지 알아보자.

친구 이름:	
친구 이름:	
친구 이름:	

6. 심리검사를 통해 생각해 본 나의 강점과 약점은 무엇일까?

7. 심리검사를 통해 나에게 맞는 학습 방법에 대해 생각한 것을 적어 보자.

흥미나 적성을 파악하는 데 어려움을 겪는 학생, 전공이나 계열 선택을 앞두고 혼란을 호소하는 학생, 과목 선택을 앞두고 학습 습관을 바로잡고 싶은 학생, 진로 문제로 주변과 갈등이 있는 학생, 좋아하는 것과 잘하는 것을 두고 고민하는 학생이라면 더 적극적으로 심리검사와 그에 따른 상담을 활용해야 할 것이다.

2. 자서전 만들기

자서전은 자신의 일생을 소재로 스스로 작성하거나 남에게 구술하여 쓰게 한 전기를 말한다. 자서전을 쓰다 보면 자신의 경험과 생각을 되돌아볼 수 있고 관심과 흥미의 흐름을 파악할 수 있다.

고교학점제, 진로·진학과 관련하여 자서전을 작성할 때는 형식과 분량을 정하는 것보다는 학생들이 자기 자신에 대해 생각하고 잘 표현할 수 있도록 진행하는 것이 우선이다. 학년과 성별, 개인의 특성에 따라 장문의 글로 서술하는 것을 어려워하거나 글쓰기에 대한 부담감 때문에 활동 자체를 포기하는 학생도 있을 수 있다. 따라서 학교의 상황, 학년별 발달 수준, 교과 학습 활동, 학생들의 문화에 따라 적절한 방법으로 자서전 작성 활동을 진행하도록 하자.

자서전을 작성하는 방법은 인생 시기별로 의미 있는 음악으로 자신을 표현하는 음악 자서전, 인생 시기별로 기쁨, 슬픔, 고민, 사건 등을 그래프로 표현하는 그래프 자서전, 사진이나 그림으로 의미 있던 기억을 정리하는 갤러리 자서전, 시나 노래 가사를 패러디하여 표현하는 문학 자서전

나만의 음악 자서전 만들기

주인공:

주인공에 대한 간단한 소개			
이름, 이름의 의미		취미, 특기	
좋아하는 것		싫어하는 것	

시기	'나'를 대표하는 음악	음악 선정 이유
태어나기 전		
탄생 ~ 12개월		
1~3세		
4~5세		
6~7세		
8세		
9~10세		
11~13세		
14세		
15세		
16세		

음악으로 돌아본 나의 인생

그래프로 그려 보는 나만의 자서전 만들기

주인공:

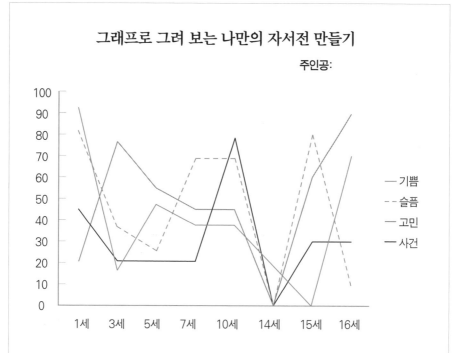

각 시기의 그래프에 대해 들려줄 이야기가 있나요? 특별히 들려주고 싶은 이야기가 있다면 적어 주세요.

기쁨	
슬픔	
고민	
사건	

등이 있다. 자서전 쓰기는 다양한 교과와 연계할 수 있기 때문에 담임교사나 진로전담교사, 전문상담교사가 아니어도 활용할 수 있으며 어떤 기법을 활용하여 자서전을 작성하는가에 따라 학생들의 숨겨진 흥미와 재능을 발견할 수도 있다는 장점이 있다.

자서전 만들기 활동은 준비된 활동지를 사용할 수도 있으나 학생들에게 익숙한 패들렛이나 북크리에이터 등 디지털 도구를 활용하거나 동영상을 제작하는 방식으로 진행할 수도 있다.

흥미가 계속 바뀌어서 일정한 경향을 발견하고 싶은 학생, 의미를 두고 있는 분야에 대해 파악하고 싶은 학생, 이전에 파악하고 있던 재능이나 흥미를 떠올리거나 정리하고 싶은 학생이라면 자기 탐색을 위한 자서전 쓰기를 활용하는 것이 매우 좋다. 그리고 내러티브 기법의 학생(진로)상담을 준비할 때에도 이 활동은 큰 도움이 된다.

3. 질문 기법

수업이나 상담에서 쉽게 자기 탐색을 도울 수 있는 방법은 질문 기법이다. 모둠 활동을 통해 학생끼리 인터뷰를 하도록 해도 좋고 게이미피케이션 방식으로 수업을 설계하여 학생끼리 혹은 교사와 학생이 서로를 알아가는 시간으로 운영해도 좋다. 학생 상담을 하거나 학부모와 함께하는 상담을 진행할 때도 활용할 수 있다.

시중에 판매되고 있는 다양한 질문 카드를 사용해도 좋지만 학교의 상황에 맞는 질문 카드를 제작하여 사용하는 것도 좋다. 질문 카드를 직접 제작할 때에는 학교와 학생들의 특성을 고려하여 질문을 구성해야 한다. 카드를 사용하기에 적절한 상황이 아닌 경우 활동지나 퀴즈, 보드게임, 온라인 도구를 활용한 방 탈출 게임의 형태로 운영하는 것도 가능하다.

다만 질문 기법을 활용할 때에는 다음 사항을 주의해야 한다.

① 필요 이상의 개인정보가 드러나는 질문은 하지 않는다.
② 예, 아니오로 대답할 수 있는 질문보다 구체적으로 설명할 수 있는 질문이 좋다.
③ 먼 과거, 특정 시점에 대한 질문보다 현재의 상태와 관련하여 대답할 수 있는 질문이 좋다.
④ 약점, 단점을 묻기보다 경험과 생각에 대해 묻는 것이 좋다.
⑤ 장래에 대한 기대나 희망에 대해 묻는 질문과 현실을 점검하는 질문은 서로 다른 카드로 만드는 것이 좋다.

질문 기법을 자기 탐색에 활용하면 좋은 경우는 언제일까? 활동에 필요한 내용을 빠르게 얻고자 할 때, 활발한 상호작용이 있는 수업을 운영할 때, 친구들이 자기 탐색의 촉진자가 되어 줄 수 있는 분위기일 때, 자기 탐색과 모둠·학급 내 팀 빌딩을 함께 하고자 할 때라면 질문 기법을 활용하는 것이 좋다.

질문 기법 활동 중에 활용할 수 있는 질문 카드와 두 가지 활동지를 함께 소개한다.

〈2-6〉 질문 카드

〈2-7〉 강점 매트릭스 활동지

나의 강점과 약점, 그것이 알고 싶다!

STEP 1 - Strength Research

1. 내가 생각하는 나의 강점과 약점을 적어 봅시다

내가 생각하는 나의 강점	내가 생각하는 나의 약점

2. 친구들에게 나의 강점과 약점을 물어보고 적어 봅시다.

친구들이 말하는 나의 강점	친구들이 말하는 나의 약점

STEP 2 - Strength Matrix

3. 1.2의 내용을 Strength Matrix에 정리해 봅시다.

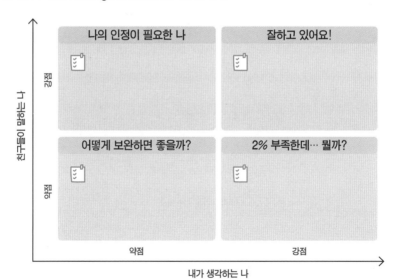

나 사용 설명서

My Image	이름				
	이름의 뜻				
	내가 좋아하는 것				
	색깔	음식	동물	계절	온도
	책	노래	영화	예능	유명인
내가 가장 좋아하는 나의 표정을 그려 주세요.					

친구들에게 - 나는 이렇게 친해지고 싶어!

친구들에게 - 나는 이런 것은 싫어해.

현재 나의 꿈, 목표

Chapter 3

고교학점제 준비 2단계
- 전공과 직업, 진로의 탐색

✓

자기 탐색의 내용을 바탕으로 전공과 직업, 진로를 탐색하는 것 또한 중학교 교육과정에서 이루어져야 한다. 초등학교에서도 교과와 창의적 체험활동을 통해 일과 직업 세계에 대한 탐색[2]을 실시하지만 지역사회를 중심으로 다양한 체험을 하는 것을 목표로 하는 경우가 대부분이다. 그에 비해 중학교에서는 좀 더 구체적인 목표를 세우고 진로 탐색 활동을 한다.

중학교에서는 세분화, 전문화된 교과 수업과 진로전담교사에 의해 이루어지는 상담, 자유학기제 등을 통해 '나에게 어울리는 직업은 무엇인가', '내가 전문성을 가지고 일할 수 있는 분야는 무엇인가', '나의 흥미와 적성을 바탕으로 공부할 수 있는 전공은 무엇인가'에 대해 구체적으로 고민하고 체험할 수 있는 기회가 주어진다. 그리고 이렇게 체험하고 탐색한 결과를 바탕으로 고등학교 진학 시 학교 유형을 선택하고 고교학점제 과

---

2) '창의적 체험활동 교육과정(제2015-74호)' 창의적 체험활동 중 초등학교 진로활동은 '긍정적 자아 개념 형성, 일의 중요성 이해, 직업 세계의 탐색, 진로 기초 소양 함양'에 중점을 둔다.

정에서 과목을 선택한다. 이를 생각한다면 중학교 교육과정에서 이루어지는 직업 체험과 탐색 활동은 보다 신중하게 계획, 운영해야 할 것이다.

한편 전공과 직업, 진로 탐색은 따로 또 같이 연속적으로 이루어지게 되므로 전공과 직업, 진로에 대한 개념을 제대로 이해하고 교육과정에 반영해야 한다. 전공과 직업, 진로의 개념은 다음과 같다.

'전공'이란 '한 개인이 어떤 자격 수준에 도달하기 위해 이론적·실제적인 면에 걸쳐 집중적으로 연구하는 학문 분야'[3]를 말한다. '전공을 탐색한다'라고 하면 보통 고등교육기관에서의 교육과정을 떠올리는데 중학생이 할 수 있는 전공 탐색은 지식과 기술 분야 모두를 포괄하여 이루어지며 고등학교 과정에서의 전공(특성화고, 특수목적고, 일반계고의 특성화학과 등)을 탐색하는 것부터 시작하게 된다.

'직업'이란 '개인이 생계를 위하여 지속적으로 수행하는 경제 활동'[4]을 의미하는데, '직'은 '맡은 직위나 직무'를 '업'은 '부여된 과업'을 의미한다. 다시 말하면 흥미와 적성, 능력에 따라 '업(~하는 일)'을 찾고 그 일을 할 수 있는 '직(사회·경제적 위치)'을 이해하고 찾는 것이 직업 탐색이다.

'진로'란 '직업의 선택뿐 아니라 다른 역할, 즉 가정, 지역사회에서의 역할에 대한 선택, 특정 직업에 대한 종사, 그리고 직업 이외의 관심과 은퇴 이후에 대한 관심까지를 포함하여 미래에 이루고자 하는 삶의 목적이나 방향'[5]을 말한다. 즉, '진로 탐색'이란 자기 탐색과 전공 탐색, 직업 탐색

---

3) 서울대학교 교육연구소, 《교육학 용어사전》, 하우동설, 2011
4) ~ 5) 한국기업교육학회, 《HRD 용어사전》, 중앙경제, 2010

모두를 포함한 생애 전반에 대한 고민과 선택을 위한 탐색이다.

이제 전공과 직업, 진로 탐색을 기초, 기본, 심화 3단계로 나누어 살펴보자.

1. 탐색의 기초 단계

전공, 직업, 진로 탐색의 기초 단계는 '다양한 분야와 유형의 전공과 직업을 두루 탐색하고 경험하는 것'이다. 다양한 계열과 유형의 전공과 직업을 경험하기 위해서는 자유학기제를 적극 활용하는 것이 좋으므로, 교사는 양질의 온오프라인 체험처를 소개하여 학생이 방과 후나 방학을 이용하여 다양한 경험을 할 수 있도록 도와야 한다. 사실 학교 교육과정 내에서 체험과 탐색을 실시할 수 있는 시간은 넉넉하지 않은 것이 현실이다. 그러므로 흥미검사와 적성검사 결과에 따라 바로 체험과 탐색 활동에 학생들을 참여시켜야 한다면 잠깐 시간을 내어 다음의 질문에 답해 보자.

① 직업흥미검사와 직업적성검사 결과, 영역별 점수가 모두 낮거나 모두 만점일 경우, 어떤 계열의 체험에 참여시킬 것인가?

② 진로심리검사 결과 가장 높은 점수를 받은 영역이 2개 이상이며, 서로 상반되는 영역일 경우 어떤 계열을 탐색하게 지도할 것인가?

③ 자기응답식으로 이루어지는 자기 탐색의 결과가 교사나 학부모가 관찰·판단한 결과와 다르면 어떤 결과를 선택하여 지도할 것인가?

④ 자기 탐색의 결과에 대해 확신을 갖지 못하거나 부정적인 태도를

보이는 학생은 어떤 체험과 탐색을 하도록 안내할 것인가?

이 질문들은 교사들의 '정답이 없는 고민거리' 중 하나다. 그리고 '자기 탐색의 단계를 완벽하게 마친 학생은 없다'는 것을 기억해야 하는 이유다. 개인의 성장 과정과 삶의 환경에 따라 흥미가 변하고 적성에 대한 판단이 달라질 수 있기 때문에 자기 탐색은 평생에 걸쳐 이루어져야 한다. 공을 들여 자기 탐색 활동을 했다 하더라도 학생이 자기에 대해 명확히 알게 되었다고 할 수는 없다. 게다가 외부 요인의 영향을 받은 응답, 자신의 현재 상태보다 원하는 모습을 기준으로 한 응답 등 자기 보고식 검사의 한계도 분명 존재한다.

그리고 심리검사나 기타 탐색 활동을 통해 파악하기 어려운 복합·융합형 학생, 여러 가지 이유로 진로에 대해 미결정 상태인 학생에 대한 배려도 필요할 것이다. 기초 탐색 단계를 충분히 경험한 학생들은 생각하지 못했던 분야에서 흥미와 능력을 발견하기도 하고 자기 탐색 단계에서 발생한 고민을 해결하거나 흥미와 적성에 대한 확신(확인)을 가질 수 있다.

기초 단계의 탐색에서는 다양한 직간접적인 체험을 하는 것이 좋은데,

〈2-9〉 기초 탐색 단계의 직간접 체험들

간접 체험	전문가·직업인 멘토링	직접 체험
문서, 영상, 온라인 자료, 직업 카드, 강의	⟷	전공 실습, 직무 체험, 직장 체험

이때 학교 인프라(졸업생, 학부모 등)를 활용하거나 진로체험지원센터(지역별 명칭 상이), 교육(지원)청 진로 교육 관련 부서의 도움을 받을 수 있다.

그리고 중학생이 이해하기 어려운 고도화된 직무에 대한 체험이나 대학의 심화된 전공보다는 특성화고등학교나 특수목적고등학교의 전공 체험활동에 참여하면서 고등학교 유형까지 알아가는 것이 더 효과적이다. 고등학생 수준에서 이루어지는 기술교육과 실기는 중학생이 쉽게 이해할 수 있을 뿐 아니라 진학할 고등학교를 선택하는 데 있어 중요한 경험적 지식이 될 수 있기 때문이다.

교육부에서 운영하는 플랫폼인 '꿈길'에서도 진로체험처를 검색하고 신청할 수 있도록 서비스를 제공하고 있는데 진로전담교사뿐 아니라 일반 교과교사도 가입하여 활용할 수 있다. 꿈길에는 현장직업 체험, 직업

〈2-10〉 교육부 운영 플랫폼 '꿈길'

출처 : ggoomgil.go.kr

실무 체험(모의 일터 직업 체험), 현장견학, 학과 체험, 진로 캠프, 강연(대화) 등의 진로 체험이 등록되어 있으며, 이는 공공기관부터 대학, 특성화고, 민간기업, 개인사업자, 각종 시민단체 등 체험처로 등록되어 있는 곳에서 이루어진다. 양질의 진로 체험 기회를 제공하는 체험처에는 '교육부 진로체험기관 인증마크'가 부여된다는 점도 알아 두자.

꿈길 외에도 원격영상 진로 멘토링(mentoring.career.go.kr), 크레존(crezone.net), 사이언스올(scienceall.com), 과학기술인재 진로지원센터(sciencecareer.kr), 교육기부(teachforkorea.go.kr), 커리어넷 내의 진로 교육 실감형 콘텐츠(career.go.kr) 등을 통해서도 다양한 체험을 할 수 있다.

2. 탐색의 기본 단계

기본 단계에서는 자기 탐색의 결과와 기초 단계의 체험 경험을 토대로 직무 영역과 전공 계열에 따른 탐색을 할 수 있도록 하고, 학생의 학습 상황(교과에 대한 선호도와 성취도, 지식과 기술 분야에 대한 흥미 등)까지 고려하여 진로 디자인을 위한 밑그림을 그려야 한다. 또한 고등학교 유형을 파악하고 진학에 대한 고민을 시작해야 한다. 입학을 위해 일정 조건을 갖추어야 하는 특수목적고, 특성화고, 비평준화 지역 일반고와 영재학교의 경우 중학교 2학년부터는 준비를 시작해야 하기 때문이다.

자신에게 어울리고 의미 있는 직업을 찾는 것은 결코 쉬운 일이 아니다. 심리검사에서 추천하는 직업과 직무가 마음에 들지 않는 경우도 있고, 주변에서 추천하는 직업에 전혀 어울리지 않는 성격인 경우도 있다.

〈2-11〉 고등학교 자기주도학습 전형 유형

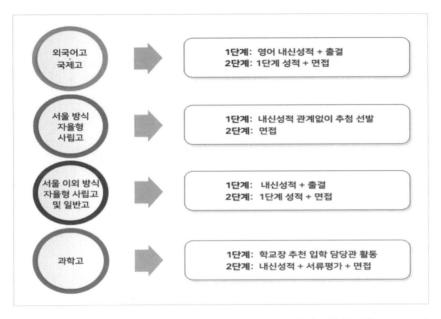

출처 : 고입정보포털(hischool.go.kr)

또 자기 탐색 활동을 할 때마다 도출되는 직업과 직무가 달라지기도 한다. 때문에 구체적인 직업 탐색이 이루어지는 기본 단계에서도 자기 탐색은 반복적으로 이루어져야 한다.

진로성숙도나 준비도가 높은 학생들은 이 단계에서 고등학교 진학 설계를 시작으로 구체적인 진로 디자인을 시작할 수 있다. 교사는 학생은 물론 학부모와도 충분히 소통하면서 학생이 희망하는 진로 계획을 잘 실천할 수 있도록 도와야 한다. 이를 위해서는 희망하는 고등학교 유형에 따른 학습 기술에 대한 점검이나 보완은 물론이고 자기관리 능력을 키울 수 있도록 지도해야 한다.

나에게 어울리는 직업을 찾아보자

1. 직업흥미검사 결과 가장 높은 점수가 나온 세 가지 유형과 해당 유형의 특징, 대표적인 직업군과 전공을 정리해 보자.

순위	흥미 유형	유형의 특징	대표적인 직업(군)	추천 전공
1				
2				
3				

2. 직업적성검사 결과 가장 높은 점수가 나온 세 가지 영역과 해당 영역의 특징, 대표적인 직업군과 전공을 정리해 보자.

순위	적성 영역	영역의 특징	대표적인 직업(군)	추천 전공
1				
2				
3				

3. 직업흥미검사와 직업적성검사 결과에서 공통점을 찾아보자. 직업이나 전공 등이 일치하거나 유사한 분야가 있는지 찾아보자.

※ 유사한 부분이 없다면 가장 자신에게 어울린다고 생각되는 내용을 선택하여 정리한다.

4. 진로 체험과 탐색 활동(실습, 견학, 체험, 강의 등)을 하면서 열정을 가지고 참여했던 활동을 떠올려 보자. 활동 내용과 열심히 참여했던 이유, 해당 활동은 어떤 직업군에 속하는지 정리해 보자.

순위	활동 내용	열심히 참여한 이유	해당하는 직업군
1			
2			
3			

※ 직업군의 명칭과 분류 기준, 내용은 커리어넷이나 워크넷의 직업정보 메뉴를 통해 알아볼 수 있다.

5. 3번과 4번에 정리된 내용을 비교해 보고 나에게 가장 어울리는 직업을 찾아보자. 가장 잘 어울린다고 생각되는 직업 세 가지를 선택하고 다음의 내용을 작성해 보자.

직업 명	하는 일	필요한 지식/기술/태도	이 직업을 갖기 위해서는?

6. 이 직업들이 정말 나의 흥미와 적성에 맞는지 확인하기 위해 해야 할 일은 무엇일까? 흥미와 적성을 찾고 확인하기 위한 나만의 계획을 적어 보자.

<2-13> 시간 관리 역량 향상을 위한 활동지

시간을 잡으면 인생이 잡힌다!

1. 오늘을 기준으로 지난 일주일 동안 내가 사용한 시간을 기록해 보자.

	일	월	화	수	목	금	토
Am 6:00							
7:00							
8:00							
9:00							
10:00							
11:00							
Pm 12:00							
1:00							
2:00							
3:00							
4:00							
5:00							
6:00							
7:00							
8:00							
9:00							
10:00							
11:00							
시간 사용 만족 순위							

2. 시간 사용에 대해 가장 만족스러운 요일과 이유, 가장 만족하지 못하는 요일과 이유를 적어 보자.

가장 만족스러운 요일은 (　　)요일이다. 왜냐하면

가장 불만족스러운 요일은 (　　)요일이다. 왜냐하면

3. 내가 생각하는 가장 이상적인 일주일 시간표를 만들어 보자.

	일	월	화	수	목	금	토
Am 6:00							
7:00							
8:00							
9:00							
10:00							
11:00							
pm 12:00							
1:00							
2:00							
3:00							
4:00							
5:00							
6:00							
7:00							
8:00							
9:00							
10:00							
11:00							
시간 사용 만족 순위							

Tip.
1. 할 일들로 꽉 찬 시간표는 실천 가능성이 낮습니다. 적당히 쉬어 가는 것도 지혜!
2. 마음대로 조정할 수 없는 시간을 '불가용 시간'이라고 합니다. 예를 들어 학교에 등교해서 하교할 때까지는 수업 시간표대로 생활해야겠지요? 불가용 시간을 먼저 정리하면 시간표 만들기가 쉬워집니다.
3. 청소년기에는 잠을 충분히 자는 것도 중요합니다. 잠자는 시간, 식사 시간, 차를 타고 오가는 시간도 잘 반영해서 기록해 봅시다.

4. 시간을 잘 활용하기 위해 스스로를 응원해 봅시다. 각오를 다질 수 있는 한마디!

3. 탐색의 심화 단계

탐색의 심화 단계에서는 고등학교 진학을 위한 실제적인 준비가 이루어진다. 먼저 고입정보포털이나 학교알리미서비스, 교육청별로 만들어진 고교학점제 누리집 등을 통해 고등학교별로 개설된 교과목과 교육과정을 살펴야 한다. 그리고 희망하는 전공과 직업, 진로에 적합한 고등학교 유형을 결정한 후 입학에 필요한 준비를 시작해야 한다. 이 단계에서는 다음과 같은 탐색이 먼저 이루어져야 한다.

고등학교에서는 무엇을 배우나?

교과(군)와 창의적 체험활동으로만 이루어진 중학교 교육과정과 달리 고등학교 교육과정은 교과(군)가 보통교과와 전문교과로 구분되며 전문교과는 다시 전문교과Ⅰ과 전문교과Ⅱ로 구분된다. 창의적 체험활동은 중학교와 동일하게 자율 활동, 동아리 활동, 봉사활동, 진로 활동으로 이루어진다.

보통교과의 영역 중 공통과목은 중학교와 크게 다르지 않으나 내용의 깊이와 양이 늘어나고, 여기에 일반 선택과목과 진로 선택과목이 더해진다. 전문교과Ⅰ은 과학, 체육, 예술, 외국어, 국제 계열에 대한 과목이고, 전문교과Ⅱ는 국가직무능력표준(NCS)에 따른 과목이다. 전문교과Ⅱ는 다시 전문 공통과목, 기초 과목, 실무 과목으로 구분되며 특성화고등학교에서 운영되는 교과다.

〈2-14〉 고등학교 보통교과(2020. 9. 11. 개정)

교과 영역	교과 (군)	공통 과목	선택과목	
			일반	진로
기초	국어	국어	화법과 작문, 독서, 언어와 매체, 문학	실용 국어, 심화 국어, 고전 읽기
	수학	수학	수학Ⅰ, 수학Ⅱ, 미적분, 확률과 통계	기본 수학, 실용 수학, 인공지능 수학, 기하, 경제 수학, 수학과제탐구
	영어	영어	영어 회화, 영어Ⅰ,영어 독해와 작문, 영어Ⅱ	기본 영어, 실용 영어, 영어권 문화, 진로 영어, 영미 문학 읽기
	한국사	한국사		
탐구	사회 (역사/ 도덕 포함)	통합사회	한국지리, 세계지리, 세계사, 동아시아사, 경제, 정치와 법, 사회·문화, 생활과 윤리, 윤리와 사상	여행지리, 사회문제 탐구, 고전과 윤리
	과학	통합과학 과학탐구 실험	물리학Ⅰ, 화학Ⅰ,생명과학Ⅰ, 지구과학Ⅰ	물리학Ⅱ, 화학Ⅱ, 생명과학Ⅱ, 지구과학Ⅱ, 과학사, 생활과 과학, 융합과학
체육 · 예술	체육		체육, 운동과 건강	스포츠 생활, 체육탐구
	예술		음악, 미술, 연극	음악 연주, 음악 감상과 비평, 미술 창작, 미술 감상과 비평
생활 · 교양	기술 · 가정		기술·가정, 정보	농업 생명과학, 공학 일반, 창의 경영, 해양 문화와 기술, 가정과학, 지식 재산 일반, 인공지능 기초
	제2 외국어		독일어Ⅰ, 일본어Ⅰ, 프랑스어Ⅰ, 러시아어Ⅰ, 스페인어Ⅰ, 아랍어Ⅰ, 중국어Ⅰ, 베트남어Ⅰ	독일어Ⅱ, 일본어Ⅱ, 프랑스어Ⅱ, 러시아어Ⅱ, 스페인어Ⅱ, 아랍어Ⅱ, 중국어Ⅱ, 베트남어Ⅱ
	한문		한문Ⅰ	한문Ⅱ
	교양		철학, 논리학, 심리학, 교육학, 종교학, 진로와 직업, 보건, 환경, 실용 경제, 논술	

〈2-15〉 고등학교 전문교과(군)(2020. 9. 11. 개정)

	교과(군)
전문교과 I	과학 계열, 체육 계열, 예술 계열, 외국어 계열, 국제 계열
전문교과 II	경영·금융, 보건·복지, 디자인·문화 콘텐츠, 미용·관광·레저, 음식 조리, 건설, 기계, 재료, 화학 공업, 섬유·의류, 전기·전자, 정보·통신, 식품 가공, 인쇄·출판·공예, 환경·안전, 농림·수산 해양, 선박 운항

열심히 공부하겠다는 각오를 다지던 학생들이 막상 고등학교 입학 후 자포자기하거나 잔뜩 주눅이 드는 경우를 종종 본다. 그래서 그 이유를 물어보면 "고등학교에서 이렇게 공부하는지 몰랐어요." 혹은 "이런 과목들을 배우는지 몰랐어요."라고 말하는 학생들이 대부분이다. 일반계 고등학교뿐 아니라 특성화고등학교나 특수목적고등학교에 입학하는 학생들도 마찬가지다. 그럴듯해 보이는 전공 명만 보고 진학한 경우, 낯선 전문교과 내용을 따라가지 못하여 전학을 고민하게 될 수도 있다. 학생들이 고등학교 유형에 따라 어떤 교과를 배우게 되는지를 알기 위한 고등학교 교육과정 탐색의 시간이 반드시 필요하다.

모든 고등학교가 같은 것을 가르치나?

질문에 대답부터 하자면 "아니오."다. 학습자 중심의 교육과정을 추구하고 고교학점제가 등장하면서 과거에 비해 선택과목이 다양화, 구체화되었고, 더불어 학생들의 수강 요청에 따라 일반 선택과목과 진로 선택과목이 학교별로 다르게 개설되어 '학교별 차이'가 나타나게 되었기 때문이다.

학생이 희망하는 전공·진로와 관련이 있으면서 즐겁게 공부할 수 있는 교과가 개설된 학교를 찾아보는 것이 진학 준비 과정에 꼭 필요하다. 즉 진학을 희망하는 고등학교의 교육과정을 살펴보고 학생이 선택하고자 하는 교과가 개설되어 있는지, 그리고 그 과목을 수강하는 것이 학생의 진학이나 취업에 어떤 영향을 끼칠지를 고민해야 한다.

특성화고등학교에서는 무엇을 배우나?

"특성화고등학교로 진학하면 수학 공부 안 해도 되나요?"라고 묻는 학생들이 있다. 대답은 당연히 "아니오."다. 특성화고등학교에서는 전공과 관련된 실습만 하고 보통교과는 공부하지 않는다고 오해하지 않도록 바르게 알려 주어야 한다. 일반고와 특성화고의 교과 배당 기준을 살펴보면 특성화고에서는 전문교과Ⅱ가 추가되면서 공부해야 하는 과목의 수가 오히려 더 많아진다.

그리고 특성화고에 개설된 전공 계열의 명칭이 유사하더라도 실제로 배우는 교과가 다를 수 있으므로 특성화고 진학을 준비한다면 전공학과별 교육과정까지 확인할 필요가 있다.

〈2-16〉 특성화고등학교 회계 관련 전공학과의 교과목 구성

A 특성화고등학교	B 특성화고등학교
회계원리, 금융 일반, 상업경제, 창업 일반, 유통 일반, 사무 관리, 세무 일반, 회계실무, 세무실무, 기업자원통합 관리, 마케팅과 광고, 고객 관리 등	사무 관리, 컴퓨터 그래픽, 회계원리, 상업경제, 기업과 경영, 금융 일반, 마케팅과 광고, 세무일반, 회계실무, 전자 상거래 등

<2-17> 일반고등학교와 특성화고등학교 교과 배당 비교

교과 영역	교과(군)	일반·특수목적 고등학교	특성화·산업수요 맞춤형 고등학교
		필수 이수 단위	
교과 (군)	기초 국어	10	24
	기초 수학	10	
	기초 영어	10	
	기초 한국사	6	6
	탐구 사회 (역사/도덕 포함)	10	12
	탐구 과학	12	
	체육 예술 체육	10	8
	체육 예술 예술	10	8
	생활 교양 기술·가정/ 제2외국어/ 한문/교양	16	10
전문교과 II		0	86
자율 편성 단위		86	28
창의적 체험활동		24	24
총 이수 단위		204	204

고등학교 유형은 어떻게 선택하나?

고등학교 졸업 후의 삶까지 중학교 단계에서 생각해야 하는 이유는 고등학교 유형에 따라 졸업 후 진로가 달라지기 때문이다. 고등학교는 유형별로 교육 목표가 다르며 같은 유형의 고등학교라 할지라도 어떤 교육과정을 가지고 있느냐에 따라 대학 진학이나 취업의 경로와 방법이 달라질 수 있다. 즉 고등학교 졸업 후 대학에 진학하고 싶은지 취업을 하고 싶은지에 따라, 또 대학 진학 혹은 취업을 할 때 어떤 경로와 방법(전형 방법 등)을 선택할지에 따라 고등학교 선택이 달라져야 한다는 말이다.

자기 탐색과 전공과 직업·진로 탐색은 중학교 어느 한 시기에만 이루어지는 것이 아니라 3년 동안 체계적으로 꾸준히 진행되어야 한다. 표 〈2-18〉은 지금까지 다룬 내용을 중학교 3개 학년에 적절히 배치하여 운영한 사례다.

〈2-18〉 S 중학교의 진로 탐색 운영 사례

	중학교 1학년 (자유학기제)	중학교 2학년 (자유학기제 연계)	중학교 3학년 (진로연계학기)
자기 탐색	직업흥미검사 직업적성검사 성격유형검사	진로성숙도검사 직업적성검사 학습유형검사	직업가치관검사 진로개발역량검사 옥타그노시스
역량 관리	욕구와 강점 이해 긍정적 의사소통	학습코칭 시간 관리	기업가정신
진로 탐색	직업·전공 체험 지역사회 탐방 가족 직장 탐방	직업·전공 체험 흥미·적성 연계 탐색	직업·전공 체험 진학·취업 희망 분야 탐색 및 확인
진학 지도	고등학교 유형 이해	고등학교 입학전형 고등교육기관 이해	고등학교별 교육과정 탐색 고등학교 진학 준비
집중 교육	디지털 리터러시	생태전환교육	인도주의, 사회적 경제
학부모 교육	미래(직업)사회변화 자녀 흥미적성 이해	고등학교 입학전형 학습지도	고교학점제 미래 역량

Chapter 4

고교학점제 준비 3단계
- 고교학점제 미리 체험하기

✔

자기 탐색과 전공과 직업·진로 탐색을 거쳐 고등학교 탐색까지 마쳤다면 고등학교 학업을 준비해야 한다. 고등학교 진학 상담을 통해 고교학점제에 대한 코칭을 할 수도 있고, 설명회와 가상 수강신청 활동을 통해 교과에 대해 탐색하고 선택하는 연습을 해 볼 수도 있다. 고교학점제를 경험한 선배들의 이야기를 들어 보거나 관련 업무를 담당하는 고등학교 교사를 초청하여 특강을 운영할 수도 있다. 또한 학습 코칭이나 NCS 캠프 등을 통해 고등학교에서의 학업 역량을 키우는 데 도움을 줄 수도 있다.

중학생이 고교학점제를 미리 체험할 수 있는 프로그램으로는 진보진학 상담을 통한 코칭, 고등학생 선배 멘토링 및 특강, 고교학점제 담당교사 특강, 고교학점제 설명회 및 가상 수강신청, 고교학점제 누리집을 활용한 간접체험, 학교생활기록부 분석을 통한 교과 성취 분석, 고교학점제 워크북을 활용한 집중 프로그램, 고교학점제 연구학교와 선도학교 체험 등이 있다. 다음은 중학생을 대상으로 고등학교 선택을 앞두고 실시할 수 있는 프로그램이다.

<h3 style="text-align:center">〈2-19〉 S 중학교의 고등학교 준비 캠프 프로그램</h3>

STEP 1   '나' 리포트 작성

- 심리검사 결과 종합
- 내러티브 자료 종합
- 진로 체험 경험 정리
- 희망 직업, 전공에 대한 선택과 정리
- 고등학교 졸업 후 경로 선택

STEP 2   고등학교 탐색과 선택

- 고등학교 유형 및 지역 내 고등학교 이해
- 진학 희망 고등학교 유형 선택
- 진학 희망 유형 내 고등학교 탐색 및 선택

STEP 3   '나'와 '고등학교' 비교 분석

- 선택한 고등학교의 교육과정, 개설 교과목 조사
- 희망하는 직업 · 전공과 연계한 교과목 개설 여부 확인
- '나' 리포트의 내용과 선택한 고등학교의 교육과정 비교 분석
- 학교생활기록부 내용(성취도, 학교 활동 성향 등)과 선택 고등학교의 교육과정
  비교 및 유불리 판단

STEP 4   고등학교 선택 및 준비

- 고등학교 지원 순위 결정(선택)
- 학교별 전형 방법 확인 및 준비
- 고등학교 입학 후 학업 계획 수립

고교학점제 시행에 대비한 고등학교 선택 활동

✓

'고교학점제'가 진로를 찾는 여행이라면 중학교 교육과정은 '여행 준비'에 해당할 것이다. 탐색의 심화 단계에서 고등학교에 대해 알아보고 진학할 고등학교를 결정하는 데 도움이 되는 활동(수업, 상담) 일부를 소개한다.

〈2-20〉 고등학교 탐색 및 선택의 과정

1. 자기 이해

고등학교 탐색과 결정은 학생의 자기 이해에서 시작된다고 앞서 말한 바 있다. 직업에 대한 흥미와 적성, 교과에 대한 관심과 역량, 진학과 취업에 대한 준비 정도까지 다차원적인 자기 분석과 성찰을 통해 고등학교 선택을 위한 자신만의 기준과 조건을 정리할 수 있어야 한다. 자기 이해를 위한 다양한 방법에 대해서는 앞서 다루었는데, 여기에 〈2-21〉 자기 이해 백서 'I AM'과 〈2-22〉 학교생활기록부 뜯어보기를 더하면 좀 더 객관적이고 경험적인 자기 분석을 할 수 있다.

〈2-21〉 자기 이해 백서 활동지

자기 이해 백서 'I AM'

강점 영역

성격	습관	환경	경험	기타
증가시킬 것		직업군/직업/전공		

I AM _____

성격	습관	환경	경험	기타
감소시킬 것		직업군/직업/전공		

약점 영역

학생생활기록부 뜯어보기

진로 희망		진로희망	선택 이유	현재 진로희망
	1학년			
	2학년			
	3학년			
	분석 및 평가			

동아리 활동		동아리 명	선택 이유	기억에 남는 활동/ 행복한 기억
	1학년			
	2학년			
	3학년			
	분석 및 평가			

자율 활동/ 봉사 활동		활동 특징(반복 키워드 등)		
	1학년			
	2학년			
	3학년			
	분석 및 평가			

자유 학기제		수업 명	선택 이유	기억에 남는 활동/ 행복한 기억
	주제선택1			
	주제선택2			
	주제선택3			
	진로탐색			
	예술체육			
	연계학기			
	연계학기			
	연계학기			
	연계학기			
	분석 및 평가			

세부 능력 및 특기 사항	눈에 띄는 과목(활동)	
	반복되는 키워드	

기타 서술된 내용 중 키포인트	

과목명	2학년		3학년		성취+선호도 순위
	학습성취	흥미/선호도	학습성취	흥미/선호도	
국어					
수학					
사회					
과학					
영어					
도덕					
기술 가정					
정보					
음악					
미술					
체육					
선택 과목					

나의 강점 과목		나의 약점 과목		발전 가능 과목	
과목 명	이유	과목 명	이유	과목 명	이유

2. 고등학교 유형과 진학 방법 탐색

　고등학교 유형과 진학 방법의 탐색은 고등학교에 관한 전반적인 내용부터 학교가 소속된 교육청의 지침과 자료를 확인하는 것까지 차근차근 진행해야 한다. 전국 단위로 모집하는 고등학교도 있고 기숙사를 운영하는 학교들도 많기 때문에 학생들이 꼭 근거리에 있는 학교로 진학할 것이라고 예상해서는 안 된다.

　특히 미래산업에 대한 관심이 높아지고 빠른 취업을 희망하는 청소년들이 늘어나고 있어서 전국에 분포한 다양한 전공의 고등학교에 대해 반드시 소개해야 한다. 그리고 고등학교 입학전형이 다르게 적용되는 지역으로 진학을 계획할 경우 필요한 서류나 접수 방법, 중학교 성적 산출 방

〈2-23〉 고입정보포털 '하이스쿨'

법 등에 차이가 있으므로 차근차근 전형 내용을 살펴보아야 한다.

고등학교 유형에 대한 탐색은 출판 형태의 자료보다는 교육부에서 운영하는 누리집을 활용하여 최신의 정보를 살펴보는 것이 좋다.

우선은 교육부와 한국교육개발원에서 운영하는 고입정보포털(hischool.go.kr)이 있다. 고입정보포털은 고등학교 유형과 시도별 입시정보, 학교 정보를 통합적으로 검색할 수 있도록 구성되어 있다. 특히 전국에 있는 고등학교 정보를 한곳에서 찾아볼 수 있는 것은 물론이고 고등학교 진학과 관련된 각종 소식과 자료를 빠르게 접할 수 있다는 것이 가장 큰 장점이다.

다음은 특성화고 · 마이스터고 포털(hifive.go.kr)로, 전국의 특성화고와 마이스터고에 대한 정보를 모아 놓은 누리집이다. 학교 정보뿐 아니라 선

〈2-24〉 특성화고 · 마이스터고 포털 '하이파이브'

취업 · 후학습, 고졸취업정책, NCS 교육과정 등 고등학교 졸업 이후의 진로를 계획하는 데 도움이 되는 내용들도 탑재되어 있어 진학이나 취업 지도 경험이 없는 교사들이 도움을 받을 수 있다.

마지막은 시도교육청별 고등학교 정보 누리집이다. 고등학교 입학전형은 학교 유형이 같더라도 각 학교가 소속되어 있는 지역교육청에 따라 차이가 있다. 경기도만 해도 평준화와 비평준화 지역의 입학전형 과정이 다르며 입학전형이 치러지는 기간 역시 조금씩 다르다. 따라서 중학교가 소속된 지역교육청에서 고등학교 입학전형 정보를 정확히 확인하고 알아 두어야 한다.

온오프라인의 자료를 살펴보며 고등학교에 대해 조사하고 자신의 특성과 희망진로를 반영하여 진학할 고등학교를 선택한다. 한 번에 고등학

〈2-25〉 서울특별시교육청 서울고교 홍보 사이트(hinfo.sen.go.kr)

〈2-26〉 인천광역시교육청 고등학교 입학전형 포털(isatp.ice.go.kr)

〈2-27〉 경기도교육청 고등학교 입학·전학 포털(satp.goe.go.kr)

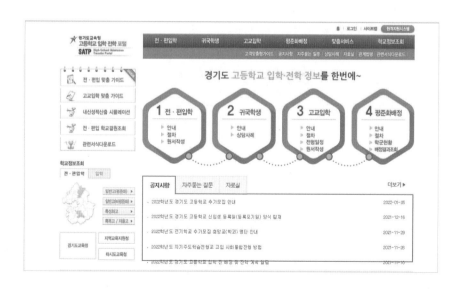

교를 선택하기보다는 여러 번에 걸쳐, 다양한 시각과 기준에 따라 신중하게 알아보고 선택하는 것이 좋다.

이때 〈2-28〉 고등학교 탐색 활동지를 활용하면 고등학교 유형과 진학 방법을 탐색하는 데 도움이 될 것이다.

〈2-28〉 고등학교 탐색 활동지

내 꿈의 경유지를 찾아보자!

1. 우리 지역의 학교를 유형별로 구분해 보자.

특수목적고등학교	특성화고등학교	일반계고등학교	자율형고등학교	기타학교

2. 자기 이해 백서 등의 내용을 참고하여 어떤 고등학교에 진학해야 꿈을 이루는 데 도움이 될지 생각해 보자. 그리고 진학을 위해 좀 더 알아보고 고민해 볼 학교를 골라 보자.

좀 더 알아보고 싶은 학교 BEST 5

학교 명	학교 유형	선택 이유	진학 방법

3. 1, 2번의 활동 내용을 친구들과 나누어 보자. 친구들과 이야기를 나눈 후 수정이 필요한 부분이 있다면 수정하고 선생님이나 부모님과도 상의해 보자.

3. 고등학교 비교분석

고등학교 선택을 위한 비교분석은 학생 각자의 기준에 따라 이루어져야 한다. 집과의 거리나 기숙사 유무, 선택과목이나 학교 활동, 남녀공학 여부 등 학생 개인의 특성과 고등학교 졸업 이후의 계획에 따라 적합한 고등학교를 선택해야 하기 때문이다. 고등학교를 선택할 때 고려해야 하는 사항은 다음과 같다.

① 집과 학교의 거리, 등하교 방법
② 기숙사 운영 여부
③ 방과 후 학교 활성화
④ 남녀공학, 학급 편성 형태
⑤ 선택과목, 원하는 과목의 개설 여부(가능성)
⑥ 학교별 특색사업(독서, 예체능 등)
⑦ 3년간 교육과정 편성
⑧ 수업 및 평가 난이도
⑨ 학교 내 활동(봉사, 동아리 등)

일반적인 내용은 누리집이나 홍보자료 등을 통해 쉽게 알아볼 수 있지만 교육과정 편성의 경우 쉽게 자료를 찾지 못하거나 찾더라도 표를 읽는 방법을 모르는 학생들이 있을 수 있다. 교육과정에 대해 자세히 설명하기보다 편성표를 읽는 방법(일주일에 수업을 3시간씩 진행하는 경우 편성표에 '3'으로 표시)을 간단히 알려 주고 학생이 좋아하고 잘할 수 있는 과목들이 어떻게 편성되어 있는지, 편성 시수와 한 학기에 공부하고 시험을 치러야 하는 과목들이 부담스럽지 않을지 등을 확인하며 함께 이야기해 볼 수 있을 것이다.

<2-29> 같은 지역 일반계 고등학교의 교육과정 편성표들

A 고등학교

교과 영역	교과(군)	과목	기준 단위	운영단위				1학년		2학년		3학년		영역 합계	필수 이수 단위
				공통	일반	진로	전문	1학기	2학기	1학기	2학기	1학기	2학기		
기초	국어	국어	8	8				4	4					24	10
		독서	5		4					4					
		문학	5		4						4				
		언어와 매체 / 화법과 작문 〔택1〕	5		4							4			
		고전읽기	5			4							4		
	수학	수학	8	8				4	4					26	10
		수학 I	5		4					4					
		수학 II	5		4						4				
		확률과 통계	5		4					2	2				
		실화 수학 I / 기하 〔택1〕	5				5					3	3		
	영어	영어	8	8				4	4					24	10
		영어 I	5		4					4					
		영어 II	5		4						4				
		영어 독해와 작문	5		4							4			
		심화 영어 I	5				4						4		
	한국사	한국사	6	6				3	3					6	6
	기초교과 선택	심화 국어 / 미적분 / 심화 영어 독해 I 〔택1〕	5			6						3	3	6	

표 〈2-29〉의 4개 편성표는 같은 지역에 위치한 일반계 고등학교의 교육과정 편성표다. 국어 교과군의 국어, 독서, 문학 수업만 찾아보아도 어느 학년에서 몇 시간을 배우는지 차이가 난다. 선택과목의 개설 형태도 다른 것을 볼 수 있는데, 교육과정 편성이 고등학교 선택의 중요한 기준

B 고등학교

교과영역	교과(군)	과목	기준단위	운영단위				1학년		2학년		3학년		영역합계	필수이수단위
				공통	일반	진로	전문	1학기	2학기	1학기	2학기	1학기	2학기		
기초	국어	국어	8	8				4	4					26	10
		문학	5		4					4					
		독서	5		4						4				
		화법과 작문	5		5							5			
		언어와 매체	5			5							5		
	수학	수학	8	8				4	4					26	10
		수학 I	5		5					5					
		수학 II	5		5						5				
		확률과 통계	5		4					2	2				
		기하 / 심화 수학 I 〔택1〕	5			6						3	3		
	영어	영어	8	8				4	4					24	10
		영어 I	5		4					4					
		영어 II	5		4						4				
		영어 독해와 작문	5		4							4			
		심화 영어 독해 I	5				4						4		
	한국사	한국사	6	6				3	3					6	6
	기초교과 선택	미적분 / 경제 수학 / 심화 국어 / 심화 영어 I 〔택1〕	5			6						3	3	6	-

이 된다는 것을 확인할 수 있다.

고등학교를 비교, 분석하여 우선순위를 정리해 보는 것도 최종 선택에

C 고등학교

교과영역	교과(군)	과목	기준단위	운영단위				1학년		2학년		3학년		영역합계	필수이수단위
				공통	일반	진로	전문	1학기	2학기	1학기	2학기	1학기	2학기		
기초	국어	국어	8	8				4	4					22	10
		문학	5		4					4					
		독서	5		4						4				
		언어와 매체	5		3							3			
		화법과 작문	5		3								3		
	수학	수학	8	8				4	4					22	10
		수학 I	5		4					4					
		수학 II	5		4						4				
		확률과 통계	5		6							3	3		
	영어	영어	8	8				4	4					22	10
		영어 I	5		4					4					
		영어 II	5		4						4				
		영어 독해와 작문	5		6							3	3		
	한국사	한국사	6	6				3	3					6	6
	기초교과 선택	고전문학 감상 / 기하 / 영어권 문화 〔택1〕	5			6				3	3			12	-
		심화 국어 / 미적분 / 심화 영어 독해 I 〔택1〕	5			6						3	3		

도움이 된다. 104쪽의 〈2-30〉의 고등학교 비교 활동지를 활용해 보자.

D 고등학교

교과영역	교과(군)	과목	기준단위	공통	일반	진로	전문	1학년 1학기	1학년 2학기	2학년 1학기	2학년 2학기	3학년 1학기	3학년 2학기	영역합계	필수이수단위
기초	국어	국어	8	8				4	4					26	10
		문학	5		4					4					
		도서	5		4						4				
		언어와 매체 / 화법과 작문 〔택1〕	5		5							5			
		심화 국어	5			5							5		
	수학	수학	8	8				4	4					26	10
		수학 I	5		5					5					
		수학 II	5		5						5				
		확률과 통계 / 기하 〔택1〕	5		4							4			
		심화 수학 I	5			4							4		
	영어	영어	8	8				4	4					26	10
		영어 I	5		4					4					
		영어 II	5		4						4				
		영어 독해와 작문	5		5							5			
		진로 영어	5			5							5		
	한국사	한국사	6	6				3	3					6	6
	기초교과 선택	고전 읽기 / 미적분 / 심화 영어 I 〔택1〕	5		6							3	3	6	–

〈2-30〉 고등학교 비교 활동지

비슷하지만 달라!

1. 고등학교를 선택할 때 어떤 기준에 따라 우선 순위를 정하면 좋을까?

	기준	이유
1		
2		
3		
4		
5		

2. 고등학교 선택 기준에 따라 진학 희망 고등학교를 1~3순위까지 정해 보고 각 학교의 교육과정을 알아보자.

	1순위 고등학교	2순위 고등학교	3순위 고등학교
학교명			
선택 이유			
집과 학교의 거리			
개설 교과목 (선택, 자율)			
학교활동 (동아리 등)			
특색사업			
기타			

4. 고등학교 선택 및 준비

    고등학교 선택을 위한 비교분석이 끝나면 학부모와 함께 상의하여 진학할 고등학교를 결정하고 해당 학교의 입학전형에 따라 진학을 준비한다. 준비 과정에서 선배들의 경험담을 들어 보거나 해당 학교의 입학설명회, 학교 체험, 학과 체험 등에 적극적으로 참여하여 자신의 선택을 확인하고 입학 후의 생활을 예상하며 준비할 수 있다면 더욱 좋다.

192

Credits

3

years

road map

고교학점제
제대로 운영하기

✓

시기별 교육과정 편성·운영 및 진로·학업 설계 살펴보기

✓

학생들이 자신의 진로와 적성에 따라 과목을 선택하고 해당 과목의 수업시간에 주체적으로 참여함으로써 의미 있는 학습경험과 배움을 얻기 위해서는 고교학점제의 안정적인 운영이 필요하다. 이때 시기별 교육과정 편성·운영 및 진로·학업 설계의 전체적인 흐름을 파악할 수 있는 표 〈3-1〉 고교학점제 연구학교 운영 흐름도를 각 학교별 상황에 맞춰 활용할 것을 추천한다.

1. 2월 : 학교 교육과정 편성 · 운영의 준비

교과협의회, 교육과정위원회 등 다양한 의견을 수렴하기 위한 협의 절차를 충분히 거쳐 과목 개설의 최소 인원 등 소인수 과목 개설 기준, 공강 시간 활용, 수강신청 및 정정 기간, 과목 변경 기준 및 절차 등을 학교 실정에 맞게 '교육과정 편성 규정'으로 마련한다. 이를 통해 교육과정 운영

〈3-1〉 고교학점제 연구학교 운영 흐름도

시기		교육과정 편성·운영	진로·학업 설계 지도
연구학교 지정 이후		• 연구학교 운영 준비 및 방향 설정 − 교직원 연수 및 워크숍, 우수학교 탐방, 업무분장 재조직 등	

1학년	2월	• 준비 단계
		  − 전년도 교육과정 편성·운영 평가
		  − 교육과정 편성 규정 정비
		  ※ 과목 개설 기준, 과목 선택 및 정정 절차 등
		  ※ 교과협의회, 교육과정위원회 실시
			• 지도체제 구축
			  〈 예시 〉
			  − 전담교사 지정
			  − 전담팀 구성(담임교사·진로전담
			   교사·교과교사)
			  − 담임교사 역할 재구조화 등

	3~4월	• 교육과정 안내·연수(학생·학부모·교사)
		  ※ 과목안내서, 교육과정설명회, 연수 등
		  ※ 교육과정 관련 의견 수렴
			• 진로집중학기제 운영
			  − 주 1회 이상 진로지도시간 확보
			  ※ 진로와 직업 또는 창체 진로활동
			  − 진로 연계 동아리 활동

	5~6월	• 과목 수요 조사
		  ※ 수강신청 프로그램 활용
			− 진로·적성 검사 및 상담
			  − 교육과정 안내 및 수요 조사
			   지도 등

	7~8월	• 수강신청 대상 과목 확정
		  ※ 공동 교육과정 운영 여부, 학교장 과목 개설 여부 등 분석
		  ※ 교과협의회, 교육과정위원회 실시
			※ 수요 조사 대비 집중 상담주간 운영

	9~10월	• 수강신청 및 결과 분석
		  − 교수·학습계획서 제공
		  − 개설 요건 미충족 과목 파악
		  ※ 공동 교육과정, 학교 밖 교육 등 안내
		  ※ 교과협의회, 교육과정위원회 실시
			• 3개년 학업 설계 지도
			  − 학업 계획서 작성
			  − 수강신청 지도
			  − 과목 선택을 위한 상담
			  − 과목 선택 변경 상담 등

	11~12월	• 수강신청 정정
		  ※ 수강신청 정정 기간 및 절차 사전 안내
		• 차년도 교육과정 확정
		  ※ 교과협의회, 교육과정위원회 실시	

	1월	• 수업시간표 작성(학생별, 교실별 등)
		  − 교·강사 및 교실 확보·배치
		• 수업 운영 준비
		  ※ 블록타임제, 공강 운영 등 준비	

2학년	• 개인별 시간표에 따른 이동 수업 　－ 블록타임제, 무학년 수업 등 　－ 공강 운영 　※ 공강 프로그램 운영, 공간 마련 등 • 담임 배정 유연화 　※ 소인수 멘토 담임제, 복수담임제 등	• 교과목 이수 관리 　－ 과목별 성취도 확인 　－ 학습 상담 　※ LMS 시스템 활용 • 졸업학점 등 교육과정 이력 관리
3학년	• 고3 학사 운영 정상화 　※ 수능 이후는 대학(사회) 준비기로 설정, 이에 적 　　합한 선택과목으로 집중이수	• 졸업학점 등 교육과정 이력 확인 • 진학 상담, 취업 지도 등

출처 : 〈포용과 성장의 고교교육 구현을 위한 고교학점제 종합 추진계획〉, 교육부, 2021

중 발생할 수 있는 다양한 문제 상황에 유연하게 대처함으로써 교육적 신
뢰도를 높이고 고교학점제를 더욱 안정적으로 운영한다. 참고할 만한 고
등학교의 교육과정 편성 규정 사례를 덧붙인다.

〈3-2〉 인천신현고등학교의 교육과정 편성 규정

- 학생이 과목을 선택했으나 학교의 여건 상 개설이 곤란한 경우에는 시도교육청에서 안내하는
  학교 간 공동 교육과정, 온라인 수업 등을 이용하도록 안내한다.
- 학교는 필요에 따라 새로운 과목을 개설할 수 있으며, 이 경우에는 시교육청에서 요구하는 필
  요한 절차를 거친다.
- 특수 재능 학생, 특수교육 대상 학생, 학습 부진 학생, 귀국 학생, 다문화 가정 학생, 북한이탈
  학생 등 일부 학생들에게 필요하다고 판단되는 경우에는 학교의 여건이 허용하는 범위에서
  필요한 과목 또는 프로그램을 편성하여 학습 기회를 제공할 수 있다.
- 과목이 개설되었더라도 다음 각 호의 경우에는 개설 취소, 이수 단위 또는 이수 시기 등의 변
  경이 가능하다.
  1. 교육과정 관련 법령이나 상급 기관의 관련 지침, 규정이 바뀌었을 때
  2. 대학 입학전형 방식의 변화로 적절한 대비가 필요하다고 판단될 때
  3. 학생의 선택 수요가 적어서 과목의 개설이 곤란하다고 판단될 때
  4. 해당 과목의 지도 교사를 확보하지 못한 때
  5. 교육청이나 외부 전문가의 컨설팅에 의해 조정이 필요하다고 판단될 때
- 학생의 집중 과정 및 과목 선택 절차 : 학교는 학생들이 자신의 진로진학 적성, 관심, 수준 등
  에 맞는 과정 및 과목을 선택하도록 충분히 안내하고 지원해야 한다.

출처 : 〈고교학점제 연구학교 운영 안내서〉, 교육부 · 한국교육과정평가원, 2019; 인천신현고등학교, 2018

2. 3~4월 : 교육과정 안내 및 연수

　교사, 학생, 학부모 대상으로 학교 교육과정 편성 규정 및 교육과정에 대한 사전 안내 및 연수를 실시한다. 이를 통해 고교학점제 운영에 대한 공감대를 형성하고 충분한 이해를 바탕으로 교육공동체 간의 의사소통을 강화하고 신뢰 관계를 형성한다.

　교사를 대상으로 고교학점제 이해, 학생 선택형 교육과정 운영, 학생 맞춤형 학습 관리 지원에 대한 연수가 실시되어야 한다. 고교학점제에서 요구하는 변화된 교사의 역할을 정확하게 인식하고, 학생 선택 중심 교육과정에 대해 서로의 생각과 정보를 나누며 함께 충분한 논의를 진행할 수 있는 교과협의회, 전문적 학습공동체 등의 연수 시간을 확보함으로써 교육과정에 대한 전문성을 갖출 수 있도록 한다.

　학생을 대상으로 고교학점제 이해, 수업 및 평가의 변화, 시설 및 생활의 변화에 대한 자세한 안내가 필요하다. 학생 선택형 교육과정에 대한 충분한 이해가 선행되어야 자신의 진로와 적성을 고려한 과목 선택의 중요성을 인식하는 한편 자신이 선택한 교과의 수업에 책임감을 가지고 참여할 수 있다.

　〈고교학점제 연구학교 운영 현황 분석〉 보고에 따르면 고1 학생을 대상으로 운영되는 학업 설계 지도 프로그램으로는 과목설명회, 학업 설계 상담, 연수, 교과별 커리큘럼의 날, 동아리 활동 등이 주를 이루고 있다. 이 외에도 교과서 전시회, 대학 선배 만남의 날, 진로집중 교육기간 운영, 진로멘토멘티 프로그램 등이 운영되고 있다.[1]

　학부모가 학생 선택형 교육과정인 고교학점제에 대해 충분히 이해하

〈3-3〉 교사, 학생, 학부모를 위한 연수

대상		연수 내용
교사	고교학점제 이해	• 고교학점제의 근본 취지 • 고교학점제 도입으로 변화될 교육 환경 모형 • 고교학점제 선진학교 사례

	학생 선택형 교육과정 운영	• 학생의 과목 선택권 확대의 필요성 및 의의
		• 학생 선택형 교육과정 운영 방안
		  - 전체 1학년 대상 진로·적성검사 및 진로 학업 상담
		  - 학생 개인의 진로별, 적성별 필요 교과목 안내 및 학업 계획서 작성 지도
		  - 학업 계획서에 근거한 교과목 개설 가능 범위
		  - 교과별 강의요목 작성 및 학생 대상 설명회 후 수강신청
		  - 학교가 정한 일정 기준(10~15명) 이상 수강신청 시 학교 내 과목 개설

	학생 맞춤형 학습 관리 지원	• 개별 학생에 대한 학습 관리 방안
		  - 학생 개인별 교육과정 지도
		  - 과정 중심 평가 및 학교생활기록부 기재 내실화
		  - 성취기준 미달 학생에 대한 별도 학업 보충 기회 마련
		  - 학교별 공강 관리 지원 및 생활지도 관리 개선 방안
		  - 교사별 업무 분장 등 선택형 교육과정 운영과 맞춤형 학습 관리 지원을 위한 교원 업무 분담 구조 개선

학생	고교학점제 이해	• 학생 선택형 교육과정에 대한 이해 • 학생의 과목 선택권의 의미와 중요성에 대한 이해
	수업 및 평가의 변화	• 학생 참여형 수업 및 과정 중심 평가
	시설 및 생활의 변화	• 변화된 교육 환경에 대한 적응 • 고교학점제 운영에 따른 수강신청 방법, 공강 활용, 생활 태도 등
학부모	고교학점제 이해	• 고교학점제 안내 • 학생 선택형 교육과정에 대한 이해 • 학생 참여형 수업 및 과정 중심 평가로의 변화 • 자녀 진로 교육 및 각종 교육 관련 정보 및 지식 제공
	학생 생활 이해 및 지원	• 변화된 교육 환경에 따른 학교와 학부모 연계 생활지도 방안

출처 : 〈고교학점제 연구학교 운영 안내서〉, 교육부·한국교육과정평가원, 2019

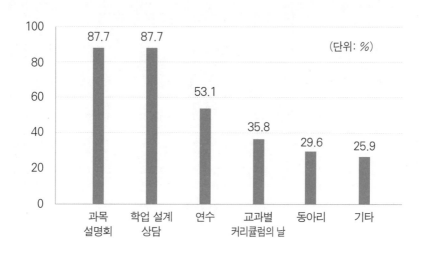

〈3-4〉 고1 학생 대상 학업 설계 지도 프로그램(복수 응답)

출처 : 〈고교학점제 연구학교 운영 현황 분석〉, 한국교육과정평가원, 2020

고 학생 참여형 수업, 과정 중심 평가 등 변화된 교수학습 및 평가 방식을
인식하여 자녀의 고등학교 생활을 이해하는 것도 중요하다. 이를 위해 가
정과 학교의 연계 지도가 이루어질 수 있도록 다양한 연수가 필요하다.

3. 5~6월 : 과목 수요 조사

수강신청 프로그램(hscredit.net)을 활용하여 학교의 상황에 따라 2~3

---

1) 〈고교학점제 연구학교 운영 현황 분석〉, 한국교육과정평가원, 2020

회에 걸쳐 과목 수요 조사를 실시한다. 1차 수요 조사(5~6월)가 실시된 이후 2~3차 수요 조사를 통해 개설 가능 과목을 확정한다. 이때 의미 있는 과목 수요 조사가 이루어지기 위해서는 교육과정 안내 및 연수 단계에서 교육과정 박람회, 교육과정 설명회, 상담, 선후배 멘토링 등 학생들이 주체적으로 참여할 수 있는 프로그램들이 충분히 제공되어야 한다.

표 〈3-5〉는 고교학점제 연구학교에서 학생들에게 선택과목 수요 조사 시 과목 선택의 범위를 설정하는 방법에 대해 조사한 결과다. 그에 따르면 과목 선택 범위를 '본교의 교육과정 편성표 외에서도 과목 선택을 허용'하는 방식보다 '본교의 교육과정 편성표 내에서만 과목을 선택'하는 방식을 많이 활용하는 것으로 나타났다.

또한 학교 규모와 소재지에 따라 분석한 결과를 보면 '본교의 교육과정 편성표 외에서도 과목 선택을 허용'하는 방식으로 학생들의 과목 선택권을 확대하여 수요 조사하는 경우는 대규모 학교가 소규모 학교보다 많았으며, 중소도시와 대도시 학교가 읍면지역 학교보다 많은 것으로 나타났다. 결국 소규모 및 읍면지역 학교의 경우 과목 개설에 많은 어려움을 겪고 있음을 알 수 있다.[2]

이에 소규모 및 읍면지역 학교에서 학교 간 공동 교육과정, 대학, 연구기관, 지자체 등 지역사회 연계를 통한 교육, 온라인 공동 교육과정 등의 방법을 활용하여 학생들이 과목 선택권을 확보할 수 있는 실질적인 지원이 이루어져야 한다.

---

2) 〈고교학점제 연구학교 운영 현황 분석〉, 한국교육과정평가원, 2020

〈3-5〉 선택과목 수요 조사 시 과목 선택 범위 설정 방법

(단위: 학교 수(%))

구분		학교 수	본교의 교육과정 편성표 내에서만 과목을 선택하도록 함	본교의 교육과정 편성표 외에서도 과목을 선택하도록 허용함
전체		84	53(63.1)	31(36.9)
학교 규모	대규모	39	22(56.4)	17(43.6)
	중규모	39	27(69.2)	12(30.8)
	소규모	6	4(66.7)	2(33.3)
학교 소재지	대도시	35	23(65.7)	12(34.3)
	중소도시	40	23(57.5)	17(42.5)
	읍면지역	9	7(77.8)	2(22.2)

출처 : 〈고교학점제 연구학교 운영 현황 분석〉, 한국교육과정평가원, 2020

4. 7~8월 : 수강신청 대상 과목 확정

선택과목 수요 조사 결과를 최대한 반영하되 각 학교의 여건 및 교육과정 편성 규정 등을 통해 수강신청 대상 과목을 확정한다. 그리고 2015 개정 교육과정 총론, 시도 교육과정 편성·운영 지침 등을 고려하여 과목별 이수 단위를 결정한다. 이때 학교 지정과목의 이수 단위는 최소화하고 학생 선택과목의 이수 단위를 높게 편성하여 학생들의 과목 선택권 확대가 이루어질 수 있도록 한다.

5. 9~10월 : 수강신청 및 결과 분석

　수강신청 전 체계적인 학업 설계 지도 절차에 맞춰 학생들이 자신의 진로와 적성에 따른 과목 선택을 할 수 있도록 3개년 학업 계획서를 작성하도록 지도한다. 학생들의 학업 설계 지도 시에는 담임교사, 진로전담교사, 교과교사, 교육과정 담당교사 등 교사들이 서로 협력해서 운영하는 자세가 필요하다. 체계적인 학업 설계 지도 절차를 5단계로 세분화하여 살펴보면 표 〈3-6〉과 같다.

〈3-6〉 학업 설계 지도 절차

단계		내용
1단계	진로 지도	진로 수업이나 창의적 체험활동 중 진로 활동 시간을 통해 진로·진학에 대해 안내하고 학생의 적성·흥미 검사 결과를 토대로 개별 학생의 맞춤형 진로 상담을 실시한다.
2단계	과목 선택 지도	전체 학생에게 선택과목에 대해 안내하고 상담을 통해 개별 학생에게 과목 선택을 지도한다.
3단계	과목 이수 설계 지도	학생이 3년간 학습할 선택과목의 이수 계획 수립과 학업 설계서 작성을 안내하고 지도한다. 3단계의 과목 이수 설계 지도는 보통 2단계의 과목 선택 지도와 함께 이루어진다.
4단계	학업 관리 지도	학생의 과목 이수 현황을 모니터링하여 성공적으로 과목을 이수해 나갈 수 있도록 지도하고 개별 학생의 학습경험을 토대로 졸업 이후의 진로·진학에 대해 안내하고 지도한다.
5단계	진로 변경 지도	학생의 진로가 바뀌었을 때 진로 상담을 실시하고 그에 따라 선택과목의 변경이 요구될 경우에는 이에 대해 안내하고 지도한다.

출처 : 〈고교학점제 연구학교 운영 안내서〉, 교육부·17개 시·도교육청·한국교육과정평가원, 2021; 이주연 외 5인, 2020, 287-293, 301-303 재구성

6. 11~12월 : 수강신청 정정

수강신청을 통해 학생들의 과목 선택을 확정한 후에 진로 변경, 흥미·적성 변화, 선택한 과목에 대한 이해 부족 등 다양한 이유로 수강신청 과목 변경을 요청하는 경우가 발생한다. 학생들의 선택과목 변경 요구는 물론 적극적으로 수용해야 한다. 하지만 무분별한 과목 변경으로 인해 학교 전체 교육과정 편성·운영에 어려움이 발생할 수 있으므로 선택과목 수강신청 정정과 관련한 허용 시기와 방법 등 체계적인 절차가 마련되어야 한다. 이에 학교에서는 사전에 마련한 교육과정 편성 규정에 따라 수강신청 정정에 관한 내용을 학생들에게 자세히 안내한다.

우선 고교학점제 연구학교 82개교를 대상으로 수강신청 이후 과목 변경 허용 시기를 조사한 결과인 다음의 표 〈3-7〉과 선택과목 변경 절차 사례들을 참고하여 각 학교의 상황에 맞춰 수강신청 정정을 실행한다.

〈3-7〉 수강신청 이후 과목 변경 허용 시기

(단위: 학교 수(%))

개학 전까지 허용	개학 후 일정 기간까지 허용	개학 후 수시로 허용	기타
37(45.1%)	35(42.7%)	5(6.1%)	4(4.9%)

출처 : 〈고교학점제 연구학교 운영 현황 분석〉, 한국교육과정평가원, 2020

선택과목 변경 절차는 학교마다 다르게 정할 수 있다. 기존 고교학점제 연구학교에서 채택한 방법은 표 〈3-8〉에서 확인할 수 있듯이 크게 세 가지가 있다.

〈3-8〉 선택과목 변경 절차

- 담임교사 상담 → 학년부장 상담 → 교육과정 담당교사 상담→ 변경

- 담임교사 상담 → 진로 담당교사 상담 → 교육과정 담당교사 상담 → 과목변 경확인서 제출 → 교장·교감 결재 → 변경

- 담임교사 상담 → 진로교사 및 교과 담당교사 상담 → 교육과정부에서 요청 → 학교교육과정위원회 심의 → 변경

출처 : 〈고교학점제 도입에 따른 교육과정 이수 지도 방안 탐색〉, 이주연 외 5인, 한국교육과정평가원, 2021

Chapter 2

과목 선택 안내서 활용하기

✓

　학생들이 자신의 흥미와 적성, 진로에 따라 다양한 과목을 선택하고 수강하기 위해서는 스스로에 대한 자아 성찰이 가장 먼저 이루어져야 한다. 다시 말해 교과 수업을 비롯한 다양한 학교 활동에 적극적으로 참여하면서 자기 자신을 알아가는 과정이 필요하다는 것이다. 이러한 과정은 자연스럽게 자기 성찰력과 자기 주도적 진로 의사결정력의 향상을 불러온다.

　학생들은 자기 자신에 대한 자아 성찰을 바탕으로 담임교사, 교과교사, 진로상담교사와의 심층적이고 체계적인 상담을 통해 학업 및 진로 설계를 해야 한다. 또한 자신의 진로를 스스로 개척하고 급변하는 미래사회에서 자기 주도적으로 학습할 수 있는 역량을 갖출 수 있어야 한다. 이를 위해 학생들이 자신의 진로와 관련하여 정보를 습득하는 주요 경로의 변화 추이를 확인해 보자.

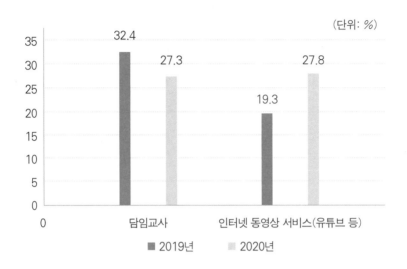

〈3-9〉 진로정보 주요 획득 경로 (고등학교)

(단위: %)

출처 : 〈COVID-19 팬데믹과 초 · 중등 진로교육 현황〉, 한국직업능력연구원, 2021

요즘 학생들은 이미지 및 동영상 등 디지털 기반 콘텐츠를 활용한 학습을 선호한다. 이러한 경향은 진로정보 주요 획득 경로에도 영향을 미쳤다. 〈3-9〉 그래프를 보면 인터넷 동영상 서비스를 활용한 진로정보 습득의 비율이 19.3%에서 27.8%로 증가하고, 담임교사로부터 진로정보를 습득하는 비율은 32.4%에서 27.3%로 감소하는 결과를 확인할 수 있다. 이러한 변화를 반영한 맞춤형 진로정보를 제공하기 위한 노력이 요구되는 시점이다.

그러나 빠르게 변화하는 직업 세계 및 방대한 데이터의 진로정보(학과, 대학 정보 등)를 모든 학생에게 맞춤형으로 일일이 제공해 주는 일은 현실적으로 어려움이 있을뿐더러 여러 가지 측면에서 바람직하지 않다. 학생들은 필요한 정보를 요구할 때마다 제공받으면서 시간과 에너지를 절약했다고 생각할 수도 있다. 하지만 거시적인 관점으로 봤을 때 학생 스스로 자신에게 필요한 정보를 탐색할 수 있는 역량을 향상시키기 위한 미디어 리터러시 교육을 제공하는 것이 더 나은 선택이다. 수많은 데이터 중에서 진짜 자신에게 꼭 필요한 정보를 선별, 수집할 수 있는 정보탐색 및 활용능력은 미래사회를 살아갈 때 반드시 필요한 역량 중 하나이기 때문이다.

학생들이 자신의 적성 및 흥미, 진로를 찾아가기 위한 과정에 도움을 줄 수 있는 사이트와 자료를 정리해 소개한다.

〈3-10〉 진로정보 수집을 위한 참고 사이트

사이트	주요 내용
진로정보망 커리어넷	· 진로심리검사, 진로 상담, 직업·학과정보, 진로 동영상, 진로 교육 자료 등의 진로정보 제공 · 청소년용 직업적성검사, 직업가치관검사, 진로성숙도검사, 직업흥미검사를 통한 자신의 심리 상태 확인 가능
워크넷	· 청소년 직업흥미검사, 고등학생 적성검사, 청소년 적성검사(중학생용), 직업가치관검사, 청소년 진로발달검사, 대학 전공(학과)흥미검사, 청소년 인성검사 등의 청소년 대상 심리검사 제공
창의인성 교육넷	· 창의적 체험활동 프로그램, 현장체험학습 자료, 지역별 창의적 진로 체험 가이드 제공 · 다양한 체험활동 진행이 가능한 지역 주변 체험시설, 전시/공연시설, 연구 시설 등 소개
꿈길	· 지역사회의 다양한 진로 체험처 검색 서비스 및 체험 프로그램 관리 · 체험처와 학교 매칭을 통한 맞춤형 진로 체험활동 지원

고교학점제	· 고교학점제 정책 소개 및 고교학점제 홍보 자료, 공지사항, 게시판, 자료실 운영 · 고교학점제 연구학교 및 선도학교 관련 자료
대입정보 포털 어디가	· 진로 및 진학 정보 제공, 대입 상담 신청 가능
하이파이브	· 특성화고 및 마이스터고 및 직업계고 학점제 관련 자료
에듀넷 티클리어	· 연구학교 계획서 및 결과 보고서 · 고교학점제 연수·워크숍·정책연구 자료 · 주요 교육정책 자료, 교육과정 및 교수학습 자료

〈3-11〉 시도교육청 진로진학센터

시도교육청	센터	홈페이지 주소
서울특별시교육청	서울진로진학정보센터	jinhak.or.kr
부산광역시교육청	부산진로진학지원센터	dream.pen.go.kr
대구광역시교육청	진학진로정보센터	dge.go.kr/jinhak
인천광역시교육청	인천사이버진로교육원	cyberjinro.ice.go.kr
광주광역시교육청	진로진학정보센터	jinhak.gen.go.kr
대전광역시교육청	대전진로진학지원센터	edurang.net/course/main.do
울산광역시교육청	울산진로진학지원센터	jinhak.use.go.kr
세종특별시자치시교육청	진로진학정보센터	sjcc.sje.go.kr
경기도교육청	경기진학정보센터	jinhak.goedu.kr
강원도교육청	강원진학지원센터	jinhak.gwe.go.kr
충청북도교육청	충청북도진로교육원	jinro.cbe.go.kr
충청남도교육청	진로교육센터	career.edus.or.kr

전라북도교육청	진로진학	jbe.go.kr/jinro
전라남도교육청	진로진학지원센터	jne.go.kr/jinro/main.do?mi=301
경상북도교육청연구원	경북진학지원센터	gbe.kr/jinhak
경상남도교육청	경남진로교육센터	gne.go.kr/jinro
제주특별자치도교육청	진로교육지원센터 꿈팡	dreampang.or.kr

또한 학생들의 과목 선택 과정에서 각 시도교육청 및 대학에서 발간한 자료들을 안내해 주면 자신의 진로에 따라 적합한 과목을 선택하는 데 도움을 줄 수 있다.

① 대학 발간 자료

- 서울대학교에서 발간한 〈2015 개정 교육과정에 따른 고교생활 가이드북(개정판)〉
- 명지대학교, 국민대학교, 서울여자대학교, 숭실대학교에서 발간한 〈2015 개정 교육과정 학생부 종합전형 준비 선택 교과목 가이드북〉

② 시도교육청 발간 자료[3]

- 서울특별시교육청의 〈2015 개정 교육과정 선택과목 안내서(2020)〉
- 부산광역시교육청의 〈어떤 과목을 언제 배울까?〉
- 대구광역시교육청의 〈어서 와! 수강신청은 처음이지?〉

---

3) 고교학점제 홈페이지 (hscredit/mmg/subject.do)

- 인천광역시교육청의 〈학생 과목 선택 랜선 박람회(총론)〉
- 대전광역시교육청의 〈2015 개정 교육과정 고등학교 과목 선택 안내서〉
- 세종특별자치시교육청의 〈2020 보인다 1.0 고등학교 과목 전공 안내서〉
- 강원도교육청의 〈전공연계 선택과목 가이드북〉
- 전라북도교육청의 〈2020 과목 선택 안내서〉
- 경상북도교육청의 〈(친구에게 소개하는) 선택과목 이야기 UCC〉
- 경상남도교육청의 〈내 꿈을 열어주는 선택과목 안내서〉

Chapter 3

대학 계열별
주요 학과 살펴보기

✓

학생부 종합전형을 운영하는 대학에서는 해당 학과에 지원한 학생의 희망 진로에 대한 관심과 배움의 의지를 평가하기 위해 학교생활기록부에 기록된 선택과목과 그 이수 여부 및 성취도, 학습 과정을 평가에 반영한다. 따라서 자신이 희망하는 전공 계열 및 학과에 적합한 과목의 선택이 신중하게 이루어져야 한다.

학생은 대학 계열별 주요 학과를 정리한 표 〈3-12〉를 통해 학과 탐색을 한눈에 살펴볼 수 있다. 그리고 각 대학의 전공 안내서에 제시된 학과 소개, 학과 교육과정을 참고하면 어떤 과목을 선택하고 수강해야 할지 그 방향을 설정하는 데 도움을 받을 수 있다. 그러므로 교사는 각 시도교육청 및 대학에서 발간한 관련 자료를 학생들에게 소개하여 활용할 수 있도록 한다.

〈3-12〉 대학 계열별 주요 학과

계열	학과
인문계열	국어국문학과, 독어독문학과 러시아어문학과, 불어불문학과, 스페인어문학과, 아시아어학과, 영어영문학과, 일어일문학과, 중어중문학과, 역사 · 고고학과, 문예창작학과, 문헌정보학과, 문화콘텐츠학과, 민속학과, 심리학과, 인류학과, 종교학과, 지역학과, 철학과, 윤리학과 등
상경계열	경영학과, 경제학과, 국제학과, 무역학과, 부동산학과, 세무학과, 회계학과, 경찰행정학과, 광고홍보학과, 군사학과, 법학과, 보건행정학과, 사회복지학과, 사회학과, 신문방송학과, 아동학과, 정치외교학과, 항공서비스학과, 행정학과 등
의료 · 보건계열	간호학과, 공중보건학과, 물리치료학과, 방사선학과, 약학과, 응급구조학과, 의예과, 의용공학과, 임상병리학과, 작업치료학과. 재활학과, 치기공학과, 치위생학과, 치의예과, 한약학과, 한의예과 등
자연계열	가정학과, 식품공학과, 식품영양학과, 의상학과, 조리학과, 농생물학과, 동물자원학과, 식물자원학과, 생명자원학과, 수의학과, 원예학과, 임산공학과, 축산학과, 대기과학과, 물리학과, 생명공학과, 수학과, 지구물리학과, 지리학과, 지질학과, 천문학과, 동계학과, 화학과, 환경공학과 등
공학계열	건축공학과, 건축학과, 광학공학과, 교통공학과, 국방기술학과, 기계공학과, 에너지자원공학과, 응용소프트웨어공학과, 자동차공학과, 재료공학과, 전기전자공학과, 정보통신공학과, 제에계측공학과, 컴퓨터공학과, 토목공학과, 항공우주공학과, 해양공학과, 화학공학과 등
예술계열	관현악과, 국악학과, 기악과, 성악과, 실용음악학과, 작곡과, 공예학과, 광고디자인학과, 동양화과, 미술학과, 산업디자인학과, 서양화과, 시각디자인학과, 조소학과, 패션디자인학과, 만화애니메이션학과, 뷰티미용학과, 사진영상학과, 연극영화학과, 영상미술학과, 경호학과, 레저스포츠학과, 사회교육학과, 무용학과, 스포츠의학과, 스포츠지도학과, 체육학과 등
교육계열	교육학과, 국어교육과, 역사교육과, 영어교육과, 유아교육과, 윤리교육과, 일반사회교육과, 일어교육과, 지리교육과, 특수교육과, 기술교육과, 물리교육과, 생물교육과, 수학교육과, 지구과학교육과, 컴퓨터교육과, 화학교육과, 환경교육과, 미술교육과, 음악교육과, 체육교육과 등

학생은 자신의 희망 진로 계열별 과목 선택 예시를 살펴보면서 고등학교 교과를 선택하는 데 도움을 받을 수 있다. 아직 진로를 결정하지 못한 학생은 자신이 가장 관심을 가지고 높은 학업 성취를 보이는 과목들이 많은 비중을 차지하는 계열을 찾아 보고 희망 진로를 결정할 수 있다.

1. 인문 계열

인문 계열은 사회 모든 지식의 기반인 인문학을 연구·교육하는 분야로 폭넓은 교양을 바탕으로 인문 역량, 글로벌 역량, 소통 역량, 창의력 함양에 교육 목표를 두고 있다. 그러므로 다양한 문학과 문화를 배울 수 있는 과목을 선택하는 것이 좋다.

〈3-13〉 인문 계열의 선택과목

교과 영역	선택과목
기초	국어, 수학, 영어, 한국사, 문학, 수학Ⅰ, 영어Ⅰ, 독서, 수학Ⅱ, 영어Ⅱ, 언어와 매체, 영어 독해와 작문, 확률과 통계, 화법과 작문
탐구	통합사회, 한국지리, 생활과 윤리, 사회·문화, 정치와 법, 동아시아사, 세계지리, 세계사, 윤리와 사상, 사회문제탐구
	통합과학, 과학탐구실험, 과학사
체육·예술	체육, 음악, 미술, 운동과 건강, 미술 감상과 비평
생활·교양	한문Ⅰ, 제2외국어Ⅰ, 제2외국어Ⅱ, 철학

2. 상경 계열

일상생활에서 발생하는 다양한 문제를 과학적이고 체계적인 방법으로 분석하고 사고할 수 있는 역량을 기르기 위해 수학 교과에 대한 충분한 선택이 필요하다. 또한 국제적 감각 함양을 위한 사회 교과도 폭넓게 선택하는 것이 좋다.

〈3-14〉 상경 계열의 선택과목

교과 영역	선택과목
기초	국어, 수학, 영어, 한국사, 문학, 수학Ⅰ, 영어Ⅰ, 언어와 매체, 수학Ⅱ, 영어Ⅱ. 확률과 통계, 독서, 미적분, 영어 독해와 작문
탐구	통합사회, 한국지리, 생활과 윤리, 정치와 법, 사회ㆍ문화, 경제, 세계지리, 세계사, 사회문제탐구
	통합과학, 과학탐구실험, 생활과 과학
체육ㆍ예술	체육, 음악, 미술, 운동과 건강, 미술 감상과 비평
생활ㆍ교양	창의 경영, 한문Ⅰ, 제2외국어Ⅰ, 제2외국어Ⅱ

3. 의료ㆍ보건 계열

의료ㆍ보건 계열의 전공 이해를 높이고 직무 수행력을 향상시키기 위해서는 생명과학, 화학 등 기초 자연과학의 심화 수준까지의 공부가 필수다. 또한 환자의 몸과 마음을 돌볼 수 있는 인성을 갖추기 위한 기본 소양

과목으로 인간에 대한 이해를 도울 수 있는 과목을 선택하는 것이 좋다.

〈3-15〉의료 · 보건 계열의 선택과목

교과 영역	선택과목
기초	국어, 수학, 영어, 한국사, 문학, 수학 I, 영어 I, 언어와 매체, 수학 II, 영어 II, 확률과 통계, 독서, 미적분, 영어 독해와 작문, 화법과 작문
탐구	통합사회, 정치와 법, 사회 · 문화, 생활과 윤리, 윤리와 사상
	통합과학, 과학탐구실험, 화학 I, 화학 II, 생명과학 I, 생명과학 II, 과학사
체육 · 예술	체육, 음악, 미술, 운동과 건강, 미술 감상과 비평
생활 · 교양	한문 I, 제2외국어 I, 제2외국어 II. 심리학, 보건

4. 자연 계열

자연 계열의 전공은 물리, 화학, 지구과학, 생명과학 네 분야의 기초 과목에 대한 이해가 필수적으로 이루어져야 한다. 특히 관심이 있는 분야의 경우는 심화 수준의 과목을 선택하여 대학 전공 역량을 함양하는 것이 도움이 된다. 공학적인 지식 향상을 위한 수학 교과의 충분한 선택도 필요하다.

교과 영역	선택과목
기초	국어, 수학, 영어, 한국사, 문학, 수학Ⅰ, 영어Ⅰ, 언어와 매체, 수학Ⅱ, 영어Ⅱ, 확률과 통계, 독서, 미적분, 수학과제탐구, 영어 독해와 작문, 화법과 작문
탐구	통합사회, 생활과 윤리 통합과학, 과학탐구실험, 물리학Ⅰ, 화학Ⅰ, 화학Ⅱ, 생명과학Ⅰ, 생명과학Ⅱ, 지구과학Ⅰ, 생활과 과학
체육·예술	체육, 음악, 미술, 운동과 건강, 미술 감상과 비평
생활·교양	가정과학, 한문Ⅰ, 제2외국어Ⅰ, 심리학

5. 공학 계열

대부분의 공학 계열 학과에서는 전공을 위해 기본적으로 알아야 할 지식을 갖추기 위해 저학년에 수학, 물리학, 화학 등의 기초과학을 배운다. 따라서 고등학교에서는 수학, 과학 분야 중심으로 충분한 과목 선택이 이루어져야 한다.

〈3-17〉 공학 계열의 선택과목

교과 영역	선택과목
기초	국어, 수학, 영어, 한국사, 문학, 수학Ⅰ, 영어Ⅰ, 언어와 매체, 수학Ⅱ, 영어Ⅱ, 확률과 통계, 독서, 미적분, 기하, 영어 독해와 작문, 화법과 작문, 미적분, 기하, 영어 독해와 작문

탐구	통합사회, 생활과 윤리
	통합과학, 과학탐구실험, 물리학 I , 물리학 II , 생명과학 I , 화학 I , 화학 II , 지구과학 I , 지구과학 II
체육 · 예술	체육, 음악, 미술, 운동과 건강, 미술 감상과 비평
생활 · 교양	공학 일반, 제2외국어 I , 한문 I , 환경

6. 예술 계열

본인의 진로 희망 분야에 맞춰 심화 수준의 과목을 선택해 교육과정을 구성하며 학교에 해당 과목이 개설되지 않은 경우 공동 교육과정을 활용할 수 있다. 특히 관심을 가진 예술 분야로 유명한 나라의 지리, 역사, 언어와 관련한 과목을 선택하는 것도 가능하다.

〈3-18〉 예술 계열의 선택과목

교과 영역	선택과목
기초	국어, 수학, 영어, 한국사, 화법과 작문, 독서, 언어와 매체, 문학, 수학 I , 수학 II , 영어I, 영어 II , 영어 회화
탐구	통합사회, 사회 · 문화, 생활과 윤리, 세계사, 여행 지리
	통합과학, 과학탐구실험, 생활과 과학, 물리학 I
체육 · 예술	체육, 음악, 미술, 운동과 건강, 미술 감상과 비평, 음악 연주, 음악 이론, 음악사, 시창 · 청음, 음악 전공 실기
생활 · 교양	가정과학, 한문 I , 제2외국어 I , 심리학

Chapter 4

고교학점제 도입에 따른
교육과정 편성표의 변화 살펴보기

✓

학교에서는 학생들의 진로·적성 및 과목 수요를 최대한 반영하되 개별 학교가 가지고 있는 환경적 요소를 고려하여 학생들에게 다양한 과목 선택권을 부여할 수 있는 맞춤형 교육과정을 편성, 운영해야 한다. 각 학교가 처한 교육적 환경이 모두 다르기에 가장 적합한 교육과정 편성 방식을 찾는 것이 바람직하다.

1. 학생 중심의 교육과정 편성하기

학생 중심의 교육과정을 편성하기 위해서는 우선 학생들의 과목 선택권이 보장되어야 한다. 이를 위해 보통교과 과목 위주로 편성하되 학교 지정과목을 최소화하여 학생들이 자신의 진로와 적성을 고려해서 과목을 선택할 수 있도록 한다. 또한 학생들이 선택할 수 있는 교과 영역에 제한을 두지 않고 기초, 탐구, 체육·예술, 생활·교양 영역 간에 자유롭게 과목 선택이 가능하도록 교육과정이 편성되어야 한다.

2015 개정 교육과정 총론의 교육과정 편성과 단위 배당 기준(보통교과)에 따르면 일반 선택과목은 3~7단위, 진로 선택과목은 2~8단위로 편성, 운영할 수 있다. 이에 따라 학교에서는 각 학교의 상황을 충분히 고려하여 운영 단위를 편성하되, 학생들의 배움과 성장의 과정을 관찰하고 이를 평가, 기록할 수 있는 충분한 운영 이수 단위를 확보해야 한다.

고교학점제 연구학교들은 교육과정 편성 시 65.5%가 학년제와 학기제를 혼용하여 편성했다. 학년제 편성 방식을 취한 학교는 23.8%, 학기제 편성 방식을 활용한 학교는 10.7%로 나타났다. 학기제로 편성했을 경우 학생들의 과목 선택권이 확대될 수 있지만 과목의 필수 학습량 확보, 학생들의 학습 부담 가중, 교사의 수업 시수 편중 등의 문제점이 발생할 수 있다. 이에 학교의 상황 및 선택과목의 성격을 충분히 고려하여 학기제와 학년제를 혼용한 교육과정 편성 방식을 가장 많이 활용한 것이다.

고교학점제 2년 차 연구학교의 선택과목 유형별 이수 과목 수를 분석한 결과에 따르면 연구학교 운영 이후 일반 선택, 진로 선택, 전문교과Ⅰ에서 편성한 과목 수가 크게 증가했고, 전문교과Ⅱ와 고시 외 과목의 수도 소폭 증가했다. 이와 같이 학생 중심 선택 교육과정을 위해서는 학생들의 다양한 학습 요구와 학습 수준을 고려해서 일반 선택, 진로 선택, 전문교과Ⅰ, 전문교과Ⅱ 과목을 개설하여 학생이 진로와 적성에 맞춘 과목을 선택할 수 있도록 교육과정이 편성, 운영되어야 한다.[4]

---

4) 〈고교학점제 연구학교 운영 현황 분석〉, 한국교육과정평가원, 2020

<〈3-19〉 고교학점제 2년 차 연구학교의 선택과목 유형별 이수 과목 수

(단위 : 과목 수 (표준편차))

구분 \ 대상	연구학교 이전	연구학교 운영 이후	
	2018년 입학생	2019년 입학생	2020년 입학생
일반 선택	37.9(14.78)	41.4(16.83)	42.8(19.41)
진로 선택	21.8(9.62)	24.7(10.25)	27.7(11.18)
전문교과Ⅰ에서 편성한 과목	5.9(5.14)	10.2(11.01)	9.8(11.01)
전문교과Ⅱ에서 편성한 과목	0.9(1.49)	1.7(2.41)	1.5(1.91)
고시 외 과목	0.4(1.85)	0.8(2.20)	0.9(2.24)

출처 : 〈고교학점제 연구학교 운영 현황 분석〉, 한국교육과정평가원, 2020

〈3-20〉 고교학점제 2년 차 연구학교의 선택과목 유형별 이수 과목 수

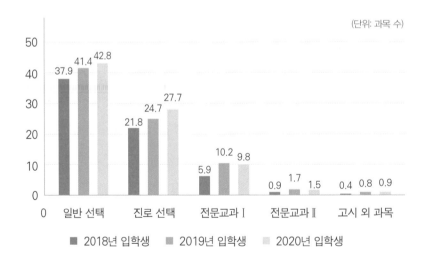

출처 : 〈고교학점제 연구학교 운영 현황 분석〉, 한국교육과정평가원, 2020

학생 중심 교육과정은 표 〈3-21〉과 같이 교과 영역 내 과목 선택, 일부 교과 영역 간 과목 선택, 전체 교과 영역 간 과목 선택이 가능하도록 편성할 수 있다.

〈3-21〉 과목 선택 편성 방식

교과 영역	교과(군)	교과 영역 내 과목 선택	일부 교과 영역 간 과목 선택	전체 교과 영역 간 과목 선택
기초	국어	선택 가능	선택 가능	선택 가능
	수학			
	영어			
	한국사			
탐구	사회	선택 가능		
	과학			
체육 · 예술	체육	선택 가능	선택 가능	
	예술			
생활 · 교양	기술 · 가정	선택 가능	선택 가능	
	제2외국어			
	한문			
	교양			

이제 실제 교육과정 편성표 사례를 살펴보자. 〈3-22〉와 〈3-23〉의 두 편성표는 기초, 탐구, 체육·예술, 생활·교양 등 각 교과 영역 내에서 교과 구분 없이 과목 선택이 가능하도록 동일 교과 영역 내에서 과목 선택권을 부여한 경우다. 선택과목의 운영 단위를 통일시키고 교과 영역의 누적 단위 수는 동일하나 교과(군)별로 누적 단위 수의 개별 차가 발생할 수 있다.

〈3-22〉 기초 교과 영역 내에서 과목 선택 가능한 편성

교과 영역	교과 (군)	과목	기준 단위	운영 단위	2학년	
					1학기	2학기
기초	국어	고전 읽기	택1	5	4	2	2
	수학	기하, 경제 수학				
	영어	실용 영어, 영미 문학 읽기				

- 기초 교과 영역의 이수 단위를 4단위로 고정하여 해당 교과 영역에 포함된 과목의 선택이 가능하다.
- 국어, 수학, 영어 교과(군)에서 한 과목을 선택하여 학년제 형태로 운영하여 학생들에게 과목 선택권을 부여한다.
- 학생들의 기초 교과 영역의 누적 단위 수는 동일하나 교과(군)별 누적 단위 수는 개인별 차이가 나타날 수 있다.

〈3-23〉 탐구 교과 영역 내에서 과목 선택 가능한 편성

교과 영역	교과 (군)	과목	기준 단위	운영 단위	2학년	
					1학기	2학기
탐구	사회 · 과학	세계지리, 세계사, 경제, 정치와 법, 생활과 윤리, 화학 I, 생명과학 I, 지구과학 I, 융합과학	택4	5	4	8 (택2)	8 (택2)

- 탐구 교과 영역의 이수 단위를 4단위로 고정하여 해당 교과 영역에 포함된 과목의 선택이 가능하다.
- 사회·과학 교과(군)에서 4과목을 선택하여 학기제 형태로 운영하여 학생들에게 과목 선택권을 부여한다.
- 학생들의 탐구 교과 영역의 누적 단위 수는 동일하나 교과(군)별 누적 단위 수는 개인별 차이가 나타날 수 있다.

다음의 〈3-24〉는 교과 영역 간의 구분 없이 자유롭게 과목 선택이 가능하도록 편성된 경우다. 탐구, 체육·예술, 생활·교양 영역의 이수 단위를 4단위로 고정하고 사회, 과학, 체육, 예술, 교양 교과 간에 과목을 선택하여 학기제 형태로 운영한다.

〈3-24〉 교과 영역 간의 과목 선택이 가능한 편성

교과 영역	교과 (군)	과목	기준 단위	운영 단위	2학년	
					1학기	2학기
탐구	사회	세계지리, 세계사, 경제, 정치와 법, 윤리와 사상, 사회문제 탐구	택4	5	4	8 (택2)	8 (택2)
	과학	물리학Ⅰ, 화학Ⅰ, 생명과학Ⅰ, 지구과학Ⅰ					
체육·예술	체육	스포츠 생활, 체육 전공 실기 기초					
	예술	음악 연주, 음악 이론, 현대문학 감상, 미술 이론, 드로잉					
생활·교양	교양	논리학, 심리학, 교육학, 진로와 직업					

- 탐구, 체육·예술, 생활·교양 영역의 이수 단위를 4단위로 고정하고 사회, 과학, 체육, 예술, 교양 교과 간에 과목을 선택하여 학기제 형태로 운영한다.
- 학기별로 2과목씩 선택하여 1개 학년에 총 4과목, 16단위를 이수한다.
- 학생마다 교과 영역별, 교과(군)별 누적 단위 수 차이가 나타날 수 있다.

다음의 〈3-25〉, 〈3-26〉 편성표는 2, 3학년을 대상으로 무학년 학기제 형태로 교과 영역 간에 폭넓은 과목 선택권을 부여한 사례다. 2015 개정 교육과정의 보통교과 과목을 대부분 편성했으며, 2, 3학년의 선택과목을 4단위로 통일하여 무학년 학기제로 운영함으로써 학생들의 과목 선택권을 보장했다. 학년에 따라 학사 일정에 차이가 있어 무학년 학기제로 교육과정을 편성·운영할 때 어려운 점이 발생할 수 있음에 유의한다.

〈3-25〉 무학년 학기제 운영(2, 3학년 대상) 편성

학교 지정과목									
교과영역	교과(군)	과목	운영단위	1학년		2학년		3학년	
				1학기	2학기	1학기	2학기	1학기	2학기
기초	국어	국어	8	4	4				
	수학	수학	8	4	4				
	영어	영어	8	4	4				
	한국사	한국사	6	3	3				
탐구	사회	통합사회	6	3	3				
	과학	통합과학	6	3	3				
		과학탐구실험	2	1	1				
체육·예술	체육	체육	4	2	2				
		운동과 건강	4			2	2		
		스포츠 생활	4					2	2
	예술	음악	4	2	2				
		미술	4			2	2		
		미술 감상과 비평	4					2	2

교과 영역	교과 (군)	과목							
생활·교양	제2 외국어	중국어 I	6	3	3				
	교양	진로와 직업	8	1	1	2	2	1	1
		철학	4			2	2		
		논술	2					1	1
		환경	2					1	1

- 기초, 탐구, 생활·교양 영역 간의 폭넓은 과목 선택권을 제공한다.
- 2015 개정 교육과정 보통교과 과목을 대부분 편성한 교육과정이다.
- 2, 3학년 선택과목의 운영 단위 수를 4단위로 고정하여 무학년 학기제로 운영한다.
- 2, 3학년에서 학교 지정과목을 최소화하여 학생들의 과목 선택권을 보장한다.
- 선택과목의 단위 수를 4단위로 통일하여 시간표 구성이 편리하다.
- 전문교과 I, 전문교과 II 과목을 진로 선택과목에서 개설하여 학생들의 다양한 학습 요구를 충족시킨다.
- 학생들이 학년 구분 없이 자신의 희망과목을 선택할 수 있어서 자신의 학업 및 진로 설계에 따른 맞춤형 과목 선택이 용이하다.
- 3학년 대입 일정과 2학년 학사 일정의 차이가 발생하여 무학년제 운영에 어려움이 있다.
- 무학년 학기제 운영 시 3학년 2학기에 편성된 과목의 경우 정상적인 수업 진행이 어려울 수 있다.

〈3-26〉 무학년 학기제 운영(2, 3학년 대상) 시 과목 선택

2, 3학년 과목 선택							
교과 영역	교과 (군)	과목	운영 단위	2학년		3학년	
				1 학기	2 학기	1 학기	2 학기
기초	국어	화법과 작문, 독서, 언어와 매체, 문학, 실용 국어, 심화 국어, 고전 읽기, 고전문학 감상, 현대문학 감상					
	수학	수학 I, 수학 II, 미적분, 확률과 통계, 실용 수학, 기하, 경제 수학, 수학과제탐구, 심화 수학 I, 심화 수학 II					

	영어	영어 회화, 영어 I, 영어 독해와 작문, 영어 II, 실용 영어, 영어권 문화, 진로 영어, 영미 문학 읽기, 심화 영어 I, 심화 영어 II	4	24 (택6)	24 (택6)	24 (택6)	24 (택6)
탐구	사회	한국지리, 세계지리, 세계사, 동아시아사, 경제, 정치와 법, 사회·문화, 생활과 윤리, 윤리와 사상, 여행지리, 사회문제 탐구, 고전과 윤리, 지역 이해, 국제 관계와 국제기구, 사회과제 연구					
	과학	물리학 I, 화학 I, 생명과학 I, 지구과학I, 물리학 II, 화학 II, 생명과학 II, 지구과학 II, 과학사, 생활과 과학, 융합 과학, 과학과제 연구					
생활 · 교양	기술 가정	공학 일반, 지식 재산 일반, 프로그래밍, 자료 구조					
	한문	한문 I					
	교양	교육학, 보건					

마지막으로 〈3-27〉처럼 2학년은 학기제, 3학년은 학년제로 운영한 경우가 있다. 기초, 탐구, 체육·예술, 생활·교양 등 교과 영역 간 구분을 두지 않고 학생들이 자유롭게 과목을 선택할 수 있도록 2015 개정 교육과정 보통교과 과목 대부분을 편성했다.

그리고 〈3-28〉을 보면 2학년 선택과목은 4단위로 고정하고 각 학기당 7개 과목을 선택함으로써 1개 학년 총 14과목 56단위를 이수할 수 있다. 그리고 3학년 선택과목은 운영 단위를 6단위로 고정해 학년제로 운영하며 총 9개 과목 54단위를 이수하게 편성했다.

이렇듯 2, 3학년에서 학교 지정과목을 최소화함으로써 학생들이 자신의 진로와 적성에 맞춰 다양한 과목을 선택할 수 있으며 전문교과 I, 전문교과 II 과목을 개설하여 다양한 학습 요구를 반영했다.

〈3-27〉 2학년 학기제, 3학년 학년제 운영 편성

교과 영역	교과 (군)	과목	운영 단위	1학년 1학기	1학년 2학기	2학년 1학기	2학년 2학기	3학년 1학기	3학년 2학기
기초	국어	국어	8	4	4				
	수학	수학	8	4	4				
	영어	영어	8	4	4				
	한국사	한국사	6	3	3				
탐구	사회	통합사회	8	4	4				
	과학	통합과학	8	4	4				
		과학탐구실험	2	1	1				
체육·예술	체육	체육	4	2	2				
		운동과 건강	4			2	2		
		스포츠 생활	4					2	2
	예술	음악	3	3	(3)				
		미술	3	(3)	3				
생활·교양	교양	진로와 직업	2	1	1				
		논술	2					1	1

- 기초, 탐구, 체육·예술, 생활·교양 등 교과 영역 간의 폭넓은 과목 선택권을 제공한다.
- 2015 개정 교육과정 보통교과 과목을 대부분 편성한 교육과정이다.
- 2학년 선택과목의 운영 단위 수를 4단위로 고정해 학기제로 운영하며 총 14개 과목 56단위를 이수한다.

- 3학년 선택과목의 운영 단위 수를 6단위로 고정해 학년제로 운영하며 총 9개 과목 54단위를 이수한다.
- 2, 3학년에서 학교 지정과목을 최소화하여 학생들의 과목 선택권을 보장한다.
  · 학년 선택과목의 단위 수를 통일하여 시간표 구성이 편리하다.
  · 전문교과Ⅰ, 전문교과Ⅱ 과목을 진로 선택과목에서 개설하여 학생들의 다양한 학습 요구를 충족시킨다.

〈3-28〉 2학년 학기제, 3학년 학년제 운영 시 과목 선택

교과 영역	교과 (군)	과목	운영 단위	2학년 1학기	2학년 2학기	3학년 1학기	3학년 2학기
2학년 과목 선택	국어 (기초)	문학, 독서, 실용 국어	4	28 (택7)	28 (택7)		
	수학 (기초)	수학Ⅰ, 수학Ⅱ, 확률과 통계					
	영어 (기초)	영어Ⅰ, 영어 독해와 작문, 영어권 문화					
	사회 (탐구)	한국지리, 동아시아사, 생활과 윤리, 정치와 법, 사회·문화					
	과학 (탐구)	물리학Ⅰ, 화학Ⅰ, 생명과학Ⅰ, 지구과학Ⅰ, 과학사					
	체육 (체육·예술)	체육탐구, 체육 전공실기 기초					
	예술 (체육·예술)	미술 창작, 미술 감상과 비평, 음악 감상과 비평, 음악 연주					
	기술·가정 (생활·교양)	기술·가정, 정보					
	제2외국어 (생활·교양)	일본어Ⅰ, 중국어Ⅰ					
	한문 (생활·교양)	한문Ⅰ					
	교양 (생활·교양)	철학, 논리학, 교육학					

							27 (택9)	27 (택9)
3 학 년 과 목 선 택	기초	국어	언어와 매체, 화법과 작문, 심화 국어, 고전 읽기	6				
		수학	미적분, 기하, 수학과제탐구, 경제 수학					
		영어	영어 회화, 영어Ⅱ, 진로 영어, 영미 문학 읽기					
	탐구	사회	세계사, 세계지리, 경제, 윤리와 사상, 고전과 윤리, 사회문제탐구					
		과학	물리학Ⅱ, 화학Ⅱ, 생명과학Ⅱ, 지구과학Ⅱ, 융합과학, 생활과 과학					
	체육 · 예술	체육	체육 전공실기 심화, 스포츠경기 체력					
		예술	드로잉, 연극, 음악 전공 실기, 미술 전공 실기					
	생활 · 교양	기술· 가정	창의 경영, 프로그래밍, 지식 재산 일반, 자료 구조					
		제2 외국어	일본어Ⅱ, 중국어Ⅱ					
		한문	한문Ⅱ					
		교양	심리학, 환경					

2. 학생의 과목 선택권 확대하기

2015 개정 교육과정에서는 학생의 과목 선택권 확대를 위해 소인수 과목 개설 지침, 공동 교육과정 운영 지침, 고시 외 과목 신설 지침, 교육청 수준의 지원 사항 등이 제시되어 있다.

〈3-29〉 2015 개정 교육과정의 학생 과목 선택권 확대 관련 지침

구분	국가 교육과정 지침 내용
과목 개설 (소인수 과목)	학교는 일정 규모 이상의 학생이 이 교육과정에 제시된 선택과목의 개설을 요청할 경우 해당 과목을 개설해야 한다. 이 경우 시도교육청이 정하는 지침에 따른다.
공동 교육과정	학교에서 개설하지 않은 선택과목 이수를 희망하는 학생이 있을 경우 그 과목을 개설한 다른 학교에서의 이수를 인정한다.
고시 외 과목	학교는 필요에 따라 이 교육과정에 제시되어 있는 과목 외에 새로운 과목을 개설할 수 있다. 이 경우 시도교육청이 정하는 지침에 따라 사전에 필요한 절차를 거쳐야 한다.
교육청 수준 지원	개별 학교의 희망과 여건을 반영하여 지역 내 학교 간 개설할 집중 과정을 조정하고 그 편성·운영을 지원한다. 특히 소수 학생이 지망하는 집중 과정을 개설할 학교를 지정하고, 원활한 교육과정 편성·운영을 위한 행·재정적인 지원을 한다.

출처 : 〈고교학점제 대비 학생 선택권 확대를 위한 전문교과 구성 방안 연구〉, 한국교육과정평가원, 2021

개별 학교에서는 희망과목 수요 조사를 통해 학생들의 다양한 학습 요구를 파악하고, 학교의 여건 및 교육과정 편성 규정 등을 고려해서 수강 신청 대상 과목 확정 및 과목별 이수 단위를 결정한다. 이때 학교 지정과목 수를 최소화하는 등 학생들의 과목 선택권을 보장하기 위한 노력이 필요하다. 그리고 교원 수급 및 학교 사정으로 과목 개설이 불가능한 경우에는 고시 외 과목(학교장 개설 과목), 공동 교육과정, 지역사회 연계 등 다양한 방법을 고려함으로써 학생들이 희망하는 과목을 최대한 개설하기 위해 노력해야 한다.

다음의 표 〈3-30〉은 과목 개설 확대를 위한 학교 맞춤형 교육과정 운영 방안을 정리한 것이다.

〈3-30〉 과목 개설 확대를 위한 학교 맞춤형 교육과정 운영 방안

운영 방안	내용
학교장 개설 과목	미래산업 분야, 교과 융합, 실생활 연계, 지역 특색, 학교 교육 목표 등 여건 및 학생 수요에 따라 학교장 개설 과목(교육감 인정) 운영
대안적 교육과정 운영	취업 희망, 학습 결손에 따른 저성취자, 정서적 지원이 필요한 학생 등을 위한 대안적 성격의 과목 개설 및 선택 기회 제공
학교 간 공동 교육과정 운영	학생 수요 조사를 바탕으로 소인수 과목, 심화 과목 등 학교 개설이 어려운 과목의 경우 학교 간 공동 운영(인근 학교 연합 등)
지역사회 연계	대학, 연구기관, 지자체 등과 연계하여 학교 개설이 어려운 다양한 과목을 개설, 운영하여 학생 진로 및 적성에 따른 교육 제공
학점제 종합 연계	교과 특성화 학교, 고교학점제 선도지구, 에듀테크 거점센터, 온라인 공동교육 거점센터, 학점제형 환경 조성 등 관련 사업 연계 교육과정 운영

출처 : 〈고교학점제 연구학교 운영 안내서〉, 교육부 · 17개 시 · 도교육청 · 한국교육과정평가원, 2021

■ **사례 1 : 외부기관(대학, 지역 내 전문학교 등)을 활용한 공동 교육과정 운영** [5]

경북일고등학교에서는 고교학점제 및 공동 교육과정 업무를 지원하는 전담 행정사를 채용하여 오후 2시부터 10시까지의 근무 시간 동안 학생 통학 지원 및 공동 교육과정 출석 체크, 야간 학생 안전 지도 등의 업무를 지원했다. 또한 2018년, 2019년 신입생의 1, 2차 희망과목 수요 조사 결과를 반영하여 지역 내 A 대학교(빅데이터 분석), B 직업전문학교(헤어 미용, 메이크업)와 연계하거나 자격증을 가진 강사(바리스타)를 채용하여 교육과정을 편성, 운영함으로써 학생들의 과목 선택권을 확보했다.

■ 사례 2 : 인근 학교 연합을 통한 학교 간 공동 교육과정 운영[6]

서울 당곡고등학교에서는 학생들의 이동 편이성을 위해 같은 권역 내에 위치한 인근 학교를 중심으로 학교 간 공동 교육과정을 운영했다. 학생 수요 조사 결과 개설이 어려운 소인수 과목, 심화 과목 등을 인근 학교와의 연합을 통해 개설하여 학생들의 과목 선택권을 확보했다. 이렇게 개설한 정보과학, 스페인어 I, 융합과학탐구, 세계문제와 미래사회 등의 과목은 운영 단위를 학기당 3단위로 통일하여 1개 학년에서 총 6단위로 편성했다.

■ 사례 3 : 지역사회 연계 공동 교육과정 운영[7]

대구 호산고등학교에서는 인근 대학 및 산업단지 등 지리적 장점을 최대한 활용하여 공동 교육과정을 운영했다. 또한 다양한 에듀테크를 활용한 실시간 온라인 수업을 진행하여 시간적·공간적 제약을 극복하고자 했으며 지역사회의 기업 및 전문가 등을 초빙해서 일반계 고등학교에서 개설하기 어려운 전문교과를 개설, 운영했다.

① 시교육청

다양한 과목에 대한 강사 인력풀 확충을 통해 정규 교육과정 내 온라인 공동 교육과정으로 2021학년도 경제, 스페인어 I, 국제법 과목을 개설하여 운영했다.

② 지역 대학

- 꿈창작캠퍼스 운영으로 인근 지역 대학에서 개설한 게임 프로그래밍(2단위), 시 창작(2단위), 소설 창작(2단위)을 수강할 수 있도록 교육 과정을 운영했다.

- 2021학년도 전문교과에 대한 과목 수요 증가에 따라 인근 대학과 협업을 추진했다.

③ 지역 기업

- 2019학년도 융복합 로봇공학 교과 중점 학교로 운영하며 지역 로봇 관련 기업과 MOU 체결을 통해 로봇 소프트웨어 개발, 로봇 하드웨어 개발, 전기·전자 기초, 로봇 프로젝트 등 전문교과Ⅱ 과목을 개설, 운영했다.

- 교사와 전문가의 팀 티칭 실시를 위하여 전문 강사를 파견했다.

- 2021학년도에는 전기·전자 기초 과목을 2개 반으로 확대 운영했다.

■ 사례 4 : 대안적 교육과정 운영[8]

○○고등학교에서는 대학 비진학, 취업 희망, 누적된 학습 결손에 따른 기초학력 미달로 정서적 지원이 필요한 학생 등을 위한 대안적 성격의 과목을 개설, 특정 기간 집중 이수 과목의 형태로 운영했다.

실제 편성된 교육과정을 살펴보면 특정 기간 집중 이수 과목으로 사진

---

5)~7) 〈고교학점제 연구학교 운영 안내서〉, 교육부 · 17개 시 · 도교육청 · 한국교육과정평가원, 2021
8) 〈고교학점제 연구학교 운영 안내서〉, 교육부 · 한국교육과정평가원, 2020

의 이해(2학년)-기초 촬영(3학년 1학기)-사진 영상 편집(3학년 2학기), 연극의 이해(3학년 1학기)-연극 제작 실습, 영화 제작 실습(3학년 2학기) 등을 개설, 운영했다. 이 외에도 토목 기초 실습, 바리스타, 한국 조리를 3학년 2학기에 개설, 운영했다.

한편 학생 역량 및 경험 중심의 대안적 과목으로는 텃밭 가꾸기, 인문학적 감성과 역사 여행, 국토순례, 사회적 경제 등의 개설이 가능하다.

3. 온라인 공동 교육과정 활용하기

교사 수급, 수강 학생 수 부족, 그리고 오프라인 공동 교육과정 운영에 어려움이 있을 때 온라인 공동 교육과정을 활용할 수 있다. 소인수·심화 교과 중심으로 실시간 쌍방향 온라인 수업을 제공하는 '교실온닷'을 활용하여 학생들의 과목 선택권을 보장해 줄 수 있다. 다양한 에듀테크 및 IT 기술을 활용해서 학생들이 자신의 진로와 적성을 고려한 다양한 과목을 선택하여 온라인상에서 여러 학교의 학생들과 함께 수강할 수 있다.

온라인 공동 교육과정은 기존의 오프라인 공동 교육과정의 한계점인 지리적 여건으로 인한 열악한 교통 환경이나 이동 시 발생할 수 있는 안전문제 등을 극복하는 방안으로 활용할 수 있다. 교실온닷 등 온라인 플랫폼에서 실시간 쌍방향 화상 수업을 통해 거꾸로 수업, 블렌디드 러닝, 토론과 같은 다양한 형태의 수업 진행이 가능하므로 학생들의 적극적인 수업 참여를 기대할 수 있다.

4. 학생이 필요한 진로 및 학업 설계 지원하기

학생들이 인식하는 진로 및 학업 설계와 관련하여 학교에서 우선적으로 지원이 필요한 사항을 조사한 결과를 살펴보자.

〈3-31〉 학생이 인식하는 진로 및 학업 설계 관련 학교의 우선 지원 사항

(단위: %)

구분	일반고			직업계고		
	1순위	2순위	3순위	1순위	2순위	3순위
중학교 때 고등학교 입학 후의 진로에 대해 더 잘 안내하는 것	19.6	10.5	17.0	30.3	11.3	15.4
고등학교에서 고교학점제와 진로, 학업 계획과 방법을 더 상세히 안내하는 것	20.0	21.6	22.3	17.4	26.3	21.4
과목의 특징을 과목 담당 선생님들이 자세하게 설명(안내)하는 것	17.3	28.9	18.4	13.1	23.7	23.7
개인 맞춤형 진로 선택이 잘 이루어지도록 개인 진로 상담 강화	28.1	24.8	20.3	25.7	20.9	18.2
진로를 결정하지 않은 학생들을 위한 진로 교육 강화	14.6	14.0	21.8	13.2	17.9	21.0

출처 : 〈고교학점제 도입에 따른 진로교육 체제 개편방안〉, 정윤경 외 3인, 한국직업능력개발원, 2020, 재구성

일반고 학생의 경우 1순위 응답은 '개인 맞춤형 진로 선택이 잘 이루어지도록 개인 진로 상담 강화'가 28.1%로 가장 많았다. 2순위 응답은 '과목의 특징을 과목 담당 선생님들이 자세하게 설명(안내)하는 것'이 28.9%,

3순위 응답은 '고등학교에서 고교학점제와 진로, 학업 계획과 방법을 더 상세히 안내하는 것'이 22.3%로 나타났다.

직업계고 학생의 경우 1순위 응답은 '중학교 때 고등학교 입학 후의 진로에 대해 더 잘 안내하는 것'이 30.3%로 가장 많았다. 2순위 응답은 '고등학교에서 고교학점제와 진로, 학업 계획과 방법을 더 상세히 안내하는 것'이 26.3%였다. 3순위 응답은 '과목의 특징을 과목 담당 선생님들이 자세하게 설명(안내)하는 것'으로 23.7%임을 확인할 수 있다.[9]

이에 각 학교에서는 학생 개개인의 진로 유형에 따른 맞춤형 진로 상담 및 프로그램을 운영하여 자신의 진로 목표에 따라 진로, 학업 계획을 설계할 수 있도록 지도해야 한다.

---

9) 〈고교학점제 도입에 따른 진로교육 체제 개편방안〉, 정윤경 외 3인, 한국직업능력개발원, 2020

▷ 에듀테크를 활용한 직업체험 박람회 수업

다양한 분야의 현장에서 일하는 직업인과 학생들의 관심이 높은 학과에 재학 중인 대학생들의 이야기를 생생하게 들을 수 있는 진로 프로그램을 진행한 사례를 소개하고자 한다.

학생들이 진로에 대해 보다 깊이 생각할 수 있는 주도적인 참여 형태의 직업 (학과)체험 박람회를 운영하려 했으나 코로나19로 인해 오프라인 행사의 진행은 불가능했다. 이에 비대면으로 진행하는 온라인 직업체험 박람회에서 학생들이 자신의 의사를 반영할 수 있는 최소한의 움직임이 있는 플랫폼을 찾으려고 많이 고민했다.

〈3-32〉 게더타운을 활용한 직업체험 박람회 모습

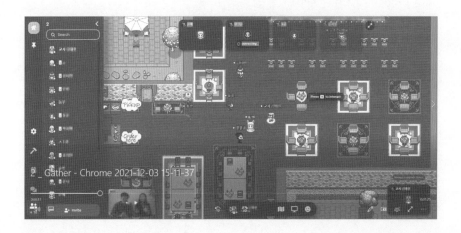

다행히 연수를 통해 소개받은 플랫폼인 '게더타운'을 떠올릴 수 있었다. 이를 활용하여 직업체험 박람회를 개최하면 학생들이 재밌어하고 더욱 적극적으로 참여하지 않을까? 이러한 기대 속에서 설레는 마음으로 행사를 준비했다.

게더타운을 활용한 직업체험 박람회는 교과 수업 안에서 진로 융합 프로젝트 활동 수업으로 진행하는 것도 가능하므로, 총 3차시로 구성된 수업지도안을 소개한다.

직업체험 박람회를 실시한 공간은 게더타운에서 제공하는 기본 템플릿을 활용한 것으로, 곳곳에 직업인과 대학생 멘토들의 인터뷰 영상의 링크가 걸린 오브젝트들이 숨겨져 있다. 학생들이 캐릭터를 움직여서 오브젝트에 가까이 가면 해당 오브젝트에 노란색의 테두리가 생기는데, 이때 X 버튼을 누르면 인터뷰 영상을 시청할 수 있다.

첫 번째 시간에는 전체 공간을 둘러보며 '보물 찾기'를 하듯이 곳곳에 숨겨진 멘토 영상들을 찾아 워크북 상의 지도를 완성하는 미션을 부여했다. 모든 영상을 다 찾아낸 학생에게는 미션 수행 기념 도장을 찍어 주는 보상을 제공했더니 더욱 적극적으로 참여하는 순반응이 일어나기도 했다. 학생들이 게더타운 직업체험 박람회 공간에서 활용한 멘토 찾기 미션 수행지(워크북)는 〈3-34〉에서 소개한다.

직업체험 박람회 지도를 완성한 학생들은 다양한 분야의 직업인, 대학생 멘토 목록을 살펴보면서 가장 관심이 가고 자신의 진로와 연계성이 높은 2~3개 정도의 멘토 영상을 시청한 후 보고 배우고 느낀 점을 정리하고, 이를 자신의 삶에 적용·실천하기 위한 계획을 세워 보는 등의 활동을 진행했다.

게더타운을 활용한 직업체험 박람회 프로그램은 학생들의 적극적인 참여가 바탕이 된 교육적 활동이 의미 있는 배움과 삶의 실천으로 이어질 수 있다는 중요한 사실을 깨닫는 계기가 되었다.

〈3-33〉 직업체험 박람회 수업지도안

1차시/2차시	게더타운에 숨어 있는 멘토를 찾아라!

□ 생각 열기

가상과 현실이 융합된 새로운 세계인 메타버스의 개념을 이해하고 게더타운을 직접 체험함으로써 새로운 형태의 학습 공간을 제시하여 학생들의 수업 몰입도와 흥미를 높인다. 이에 다양한 에듀테크 활용 수업에 적극 참여할 수 있는 디지털 트랜스포메이션 함양의 필요성과 중요성을 인식하도록 지도한다.

□ 수업 전개

1. 메타버스의 개념 이해하기 (10분)
 - 현재 사회에서의 메타버스 트렌드에 대하여 이야기 나누기
 - 제페토, 게더타운, 이프렌드 등 다양한 플랫폼에 대한 소개 및 각자의 경험 나누기

2. 게더타운 이해하기 (15분)
 - 게더타운 입장하는 방법 익히기
 - 캐릭터 제작, 이동 방법, 다양한 툴 등의 사용방법 익히기

3. 게더타운에 숨겨져 있는 멘토 영상을 찾아서 진로캠프 맵 완성하기(70분)
 - 게더타운에서 캐릭터가 이동함에 따라 개별 오브젝트에 연결시킨 멘토 영상을 확인할 수 있는 방법 이해하기
 - 게더타운의 맵과 동일하게 제작한 개별 워크북(캔버스)를 학생들에게 공유하기
 - 게더타운에서 캐릭터로 이동하며 맵의 곳곳에 숨겨져 있는 멘토 영상의 위치를 확인한 후 알로 워크북(캔버스)에 기재하며 진로캠프 맵을 완성하는 방법 이해하기

4. 완성한 진로캠프 맵 확인하기(5분)
 - 학생들이 개별적으로 완성한 진로캠프 맵 확인하기

□ 활동 돌아보기

현재 트렌드를 파악하고 해당 미래 기술을 익혀 수업에서 활동해 봄으로써 배움의 영역이 다양함을 알고 삶과 연결된 배움의 중요성과 필요성을 인식할 수 있도록 한다.

3차시	게더타운에서 멘토를 만나다

□ **생각 열기**

자기 자신에 대한 이해가 제대로 이루어지지 못한 학생들의 경우 자신의 흥미, 적성, 진로에 대해서 생각하는 과정을 힘들어하는 경우가 많다. 이 과정을 보다 쉽게 접근할 수 있도록 게더타운 안에서 다양한 직업 분야의 멘토들을 만날 수 있는 기회를 제공하고자 한다. 선택할 수 있는 멘토 분야 및 개수에 자율성을 부여하여 스스로의 진로의 방향성을 찾아볼 수 있는 경험을 하도록 함으로써 진로의사결정 역량을 함양시키고자 한다.

□ **수업 전개**

1. 나의 흥미, 적성, 진로를 반영한 멘토 선정하기 (5분)
 - 평소 관심 있던 분야, 진학/취업을 희망하는 분야의 멘토 선정하기
 - 진로캠프 맵을 활용해서 해당 멘토가 있는 곳에 게더타운의 캐릭터 이동시키기

2. 멘토 영상 시청하기 (30분)
 - 멘토 영상이 임베디드되어 있는 오브젝트에 캐릭터 위치시키기
 - 키보드 X버튼을 눌러서 동영상 확인하고 시청하기

3. 멘토 영상 시청 후 워크북 작성하기(15분)
 - 영상을 시청한 후 스스로 배우고 느끼고 실천할 점에 대한 내용을 개별 워크북(캔버스)에 작성하기
 - 본인의 희망에 따라 더 많은 멘토들을 만날 수 있고 자율적으로 선택하여 해당 활동을 진행할 수 있음을 안내하기

□ **활동 돌아보기**

평소 자신의 미래, 진로에 대한 생각을 지속적으로 깊이 있게 고민해 보지 않은 학생들이 게임과 같이 재미적 요소가 반영된 게더타운 안에서의 수업 활동을 통해 자기 성찰 및 진로 디자인을 해 보는 경험을 제공한다. 이 과정에서 학생들이 멘토 분야 등을 선정하며 자기 주도적인 의사결정력을 향상시킬 수 있는 기회를 제공하고 교사는 격려와 칭찬의 피드백을 줄 수 있도록 한다.

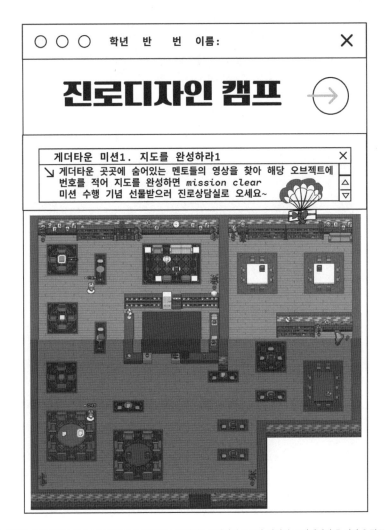

1.조향사 2.플로리스트 3.공연기획자 4.웹툰작가 5.일러스트레이터 6.1인 미디어 크리에이터 7.기자 8.광고기획자 9.패션디자이너 10.특수분장사 11.스포츠마케터 12.승무원 13.수의사 14.간호사 15.미술치료사 16.파티시에 17.요리사 18.푸드스타일리스트 19.건축가 20.로봇전문가 21.생명공학자 22.프로그래머 23.게임개발자 24.항공기정비사 25.정보보안전문가 26.반려동물훈련사 27.경찰 28.경호원 29.국어국문학과 30.경찰행정학부 31.초등교육과 32.사회학과 33.산업심리학과 34.중국외교통상학부 35.식품생명공학과 36.수학과 37.간호학과 38.약학과 39.생명과학부 40.로봇학부 41.건축학과 42.항공운항학과 43.화학공학과 44.수의학과 45.연극영화학과 46.체육교육과

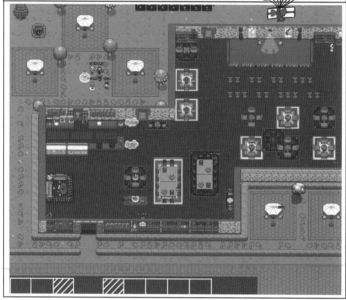

1.조향사 2.플로리스트 3.공연기획자 4.웹툰작가 5.일러스트레이터 6.1인 미디어 크리에이터 7.기자 8.광고기획자 9.패션디자이너 10.특수분장사 11.스포츠마케터 12.승무원 13.수의사 14.간호사 15.미술치료사 16.파티시에 17.요리사 18.푸드스타일리스트 19.건축가 20.로봇전문가 21.생명공학자 22.프로그래머 23.게임개발자 24.항공기정비사 25.정보보안전문가 26.반려동물훈련사 27.경찰 28.경호원 29.국어국문학과 30.경찰행정학부 31.초등교육과 32.사회학과 33.산업심리학과 34.중국외교통상학부 35.식품생명공학과 36.수학과 37.간호학과 38.약학과 39.생명과학부 40.로봇학부 41.건축학과 42.항공운항학과 43.화학공학과 44.수의학과 45.연극영화학과 46.체육교육과

○ ○ ○   학 년 반 번 이름: ✕

진로디자인 캠프 →

내가 선택한 멘토의 분야:

보고 배우고 느낀 점	내 삶에 적용 및 실천하기 ✕
	☐ ☐ ☐ ☐ ☐ △ ▽

Chapter 5

고교학점제
진로 수업 살펴보기

✓

1. 진로교사는 어떤 역할을 할까?

초등학교 시절부터 수학 교사가 장래 희망이었다. 학창 시절 내내 수학문제를 푸는 것이 너무 즐겁고 아이들은 사랑스러웠다. 자연스레 수학교사로 진로를 정했다.

수학 교사가 된 후 수학교육연구회에서 어떻게 하면 수학을 학생들이 즐겁게 배울 수 있을까에 대한 고민을 이어 나갔다. 그러다 경기도진로교육연구회에 2014년 처음 들어가게 되었다. 진로에 대한 고민과 연구를 하게 되리라 생각했는데, 실제로는 미래사회에 대한 강의와 적정기술, 기업가정신, 디자인씽킹 등 다양한 것을 접할 수 있었다. 그러면서 미래사회를 살아갈 학생들에게 수학보다는 살아갈 역량을 키워 주는 것이 필요하다고 느끼게 되었고, 진로교사가 되기로 마음먹었다.

고교학점제 시대, 진로교사의 역할

진로교사로 전과하면서 고등학교에 발령을 받은 후 처음으로 마주한 고민은 진로 수업 설계였다. 1인 1색의 다양한 진로 교육이 이루어지고 있는 현장에서 진로 수업 설계와 실행은 쉽지 않았다. 첫해에는 이전 진로교사가 계획해 둔 것을 운영하면 되었지만 다음 해부터가 문제였다.

게다가 2019년 고교학점제 시범학교 첫해를 맞이하면서 진로교사로서 역할에 대한 고민은 더욱 깊어졌다. 평소 교육과정부와 협업을 잘하고 있다고 생각했으나, 고교학점제 실행을 위한 부서 간 협업이 잘 이뤄지지 않고 따로 운영되는 기분이 들었다. 그런데 어느 날 한 학생에게 선택교과에 대한 질문을 받고 살짝 당황했다. 학생들에게 선택교과에 대한 가정통신문을 배부한 사실을 통보받지 못했기 때문이다. 교육과정부에서 고교학점제 선도학교 업무가 자신들의 업무라고 생각하고 진로교사에게 알리지 않은 채 그냥 진행시켰던 것이다. 고교학점제 시행으로 인해 진로교사의 역할이 더욱 중요해질 거라고 판단했던 터라 더 당황스러웠다.

이후 고교학점제에 대한 연구 활동은 물론 교육과정부에서 진행하는 교육과정 박람회에도 적극 참여하고 더 긴밀하게 소통했다. 한편 학생들이 자신의 적성이 무엇인지 찾을 수 있도록 적성검사와 학과계열선정검사를 실시하는 등 진로교사로서 도움을 주고자 하는 노력도 함께 했다.

진로 탐색을 위한 진로 수업 설계

1년 후, 신설 고등학교로 오게 되었다. 기존 교육과정이 없어서 모두 새로 만들어야 했는데, 다행히 교육과정부장이 이전 학교에서 교육과정을 맡아 했던 교사여서 고교학점제와 교육과정에 대한 이해가 깊었다. 진로교사와 협업하려는 열린 마음도 가지고 있었다. 1학년 1학기는 고교학점제를 이해하고 진로에 맞게 교과를 선택하는 기간으로 삼았다. 희망과목 수요 조사, 1~3차 수강신청 기간과 마감 시점을 협의하여 정했다.

진로 수업을 어떤 활동으로 채울까 고민하다 고교학점제에 잘 대비하고 있다고 소문난 학교에 연락해 노하우를 물어보았다. 이 과정을 통해 학생이 자신을 잘 탐색하고 진로를 정해야 교과 선택도 잘할 수 있다는 점을 다시 한 번 확인했다. 그리고 학생이 자신의 진로를 잘 탐색할 수 있도록 다양한 기회와 방법을 제시한 진로 수업을 설계할 수 있었다.

고교학점제 실행과 학생 지도

그러나 2020년은 코로나19로 인하여 새학기가 시작되었음에도 학생들의 등교가 정상적으로 이뤄지지 못했다. 그래서 온라인으로 교육과정 설명회를 가졌다. 설명회는 교육과정부장이 PPT를 기반으로 우리 학교 교육과정에 대해 설명한 30분 정도 되는 영상을 활용했다. 진로 수업도 이 영상을 이용해 50분간 진행했다.

그리고 교육과정부에서 1차 수강신청을 하기 전에 진로 수업 시간에 연습 삼아 수강신청을 진행해 보았다. 가정통신문을 기반으로 원하는 교과에 동그라미를 치고 조건에 맞게 선택하도록 했다. 그런 다음 필수 이수 단위에 맞게 신청했는지, 위계에 맞게 선택했는지, 자신의 진로에 맞는 교과를 선택했는지 등을 질문을 통해 검토하게 했다. 1학년 12개 모든 반에서 수업을 진행했기 때문에 학생들이 진로에 맞는 교과 선택을 잘했을 것이라고 생각했다. 마음 한구석에서 뿌듯함도 느꼈다.

그러나 막상 수강신청 결과를 보니 예상과 다르게 잘못한 학생들이 꽤 많았다. 기본 조건에 맞게 하지 않은 학생도 있었고 수강신청 마감 후에 교과 선택을 바꾸겠다는 학생들도 많았다. 교육과정부장은 이전에 비해 많이 줄어든 것이라고 위로해 주었지만 진로교사로서 깊어지는 고민은 어쩔 수 없었다. 그 결과 학생들이 실제로 교과를 선택해 보지 않아서 수업에 집중하지 못한 것이라고 판단했고, 교육과정부장과 협의하여 1차 수강신청 후에 그 결과지를 가지고 진로 수업을 하기로 했다.

2. 진로 수업에는 무엇을 해야 할까?

다음은 2021년 1학년 1학기의 창의적 체험활동을 활용한 진로 수업 계획이다.

〈3-35〉 창의적 체험활동을 활용한 진로 수업 계획

차시	내용	차시	내용
1	나 소개하기	2	친구와 친해지기
3	나의 적성 알아보기	4	대입제도 이해하기
5	정서행동특성검사	6	고교학점제 알아보기
7	진로 선택과목 알아보기	8	적성검사 분석하기
9	나의 희망 진로 점검하기	10	희망 진로에 따른 학과 탐색하기
11	나만의 교육과정 만들기	12	나의 학교 생활 계획서 작성하기
13	나만의 루틴 만들기	14	계획 수정하기
15	진로캠프 사전 활동	16	진로캠프 사후 활동
17	꿈을 위해 노력하기		

2021년의 고교학점제 대비 진로 수업은 2020년 진로 수업을 기반으로 만든 워크북을 이용해 진행했다. 온라인 수업과 등교 수업이 격주로 진행되던 터라 온라인 수업과 등교 수업 모두에서 가능한 적성검사는 온라인 수업으로, 면대면 활동이 필요한 적성검사 분석하기는 등교 수업으로 진행했다. 1학기 수업 중 가장 중요한 부분은 11차시 '나만의 교육과정 만들기'라고 생각한다. 여기서는 고교학점제와 직접 관련된 수업을 중심으로 설명하고자 한다.

나의 적성 알아보기

진로정보망 커리어넷을 이용해 무료로 검사를 실시했다. 이는 모바일에서도 편리하게 이용할 수 있다.

중·고등학생용 심리검사로 직업적성검사, 진로성숙도검사, 직업가치관검사(청소년), 직업흥미검사(K), 직업흥미검사(H), 진로개발역량검사가 있다. 검사는 진로를 정한 학생과 아직 진로를 탐색 중인 학생에게 다르게 안내했다. 진로 탐색 중인 학생에게는 직업적성검사를 먼저 하길 권했다. 그러면서 하나의 검사 결과가 부족하다고 느껴진다면 여러 가지 검사를 실시하여 공통된 특성을 찾아보도록 했다. 직업흥미검사는 K와 H, 두 가지로 제공되는데, 진로가 고민인 학생은 검사 문항이 많은 H를 실시하는 것이 좋다. 이는 K에 비하여 다양한 직업을 추천받을 수 있어서 자신의 진로에 대해 보다 적극적으로 알아볼 수 있기 때문이다. 진로가 정해진 학생들은 선택한 직업과 관련된 다양한 가치 중 어떤 가치를 중요하게 여기는지 알아보는 직업가치관검사를 권했다.

커리어넷에서 제공하는 검사를 마친 후 학생이 '공유하기'를 해 주면

〈3-36〉 모바일에서 커리어넷의 직업적성검사하기

진로교사도 결과를 확인할 수 있다. 나이스 식별번호를 이용하여 나이스에 끌고 올 수도 있으나 활용하지는 않았다.

커리어넷에서 제공하는 검사 외에 학과계열선정검사를 실시하여 학생에게 맞는 학과가 무엇인지도 알아보았다. 학생들의 진로는 1년 안에도 변할 수 있다. 1학기에 관심이 있었지만 2학기 말에는 관심

〈3-37〉 커리어넷 직업적성검사 결과 공유하기

이 사라지는 경우도 종종 본다. 그래서 번거롭더라도 학년 말에 학교생활 기록부에 기록할 내용을 학생별로 출력하여 나누어 주고 삭제하고 싶은 학생을 조사하여 삭제해 주었다. 이때 바꾸고 싶다는 학생도 있는데 변경은 허락하지 않는다. 또 검사 결과나 발표 내용을 진로가 바뀌었으니 해당 학년이 바뀌기 전에 변경해 달라는 요구도 종종 듣는다. 그러나 이것은 활동한 내용과 다르므로 기록이 불가능하다고 이야기한다.

대입제도 이해하기

대입제도가 학년마다 다르게 변하고 있다. 그래서 해당 학년의 대입제도를 설명하는 시간을 통해 이해도를 높였다. 이때 교육부에서 발표하는 자료를 활용했다.

예를 들어 표 〈3-38〉에서 보듯 개인 봉사활동 실적이 대입에 미반영되므로 학교 교육 계획에 의거하여 실시되는 소집단 봉사활동이나 학생 주도 프로젝트 봉사활동에 참여할 수 있도록 안내했다.

고교학점제 알아보기

고교학점제에 대해 알아보는 것은 2015 개정 교육과정과 2022 개정 교육과정이 적용되는 고교학점제와의 차이점을 이해하여 자신의 진로에 맞게 교과를 선택할 수 있도록 하기 위함이다. 이 시간은 진로 선택과목에 대해 알아보는 시간과 합하여 진행하여도 큰 무리가 없다.

2015 개정 교육과정이 적용되는 지금과 2022 개정 교육과정이 적용되는 고교학점제의 가장 다른 부분은 졸업 요건이다. 출석일수로 졸업 요건을 충족하면 졸업할 수 있는 지금과 달리 고교학점제가 적용되면 과목 출

<h3>〈3-38〉 학생부 주요항목 내 비교과 영역 개선 현황[10]</h3>

구분		2020~2021학년도 대입	2022~2023학년도 대입	2024학년도 대입
① 교과활동		· 과목당 500자	· 과목당 500자 · 방과후학교 활동 (수강)내용 미기재	· 과목당 500자 · 방과후학교 활동 (수강)내용 미기재 · 영재 · 발명교육 실적 대입 미반영
② 종합의견		· 연간 1,000자	· 연간 500자	· 연간 500자
③ 비교과 영역	자율활동	· 연간 1,000자	· 연간 500자	· 연간 500자
	동아리 활동	· 연간 500자 · 정규 · 자율동아리, 청소년단체활동, 스포츠클럽활동 기재 · 소논문 기재 가능	· 연간 500자 · 자율동아리는 연간 1개(30자)만 기재 · 청소년단체활동은 단체명만 기재 · 소논문 기재 금지	· 연간 500자 · 자율동아리 대입 미반영 · 청소년단체활동 미기재 · 소논문 기재 금지
	봉사활동	· 연간 500자 · 실적 및 특기사항	· 특기사항 미기재 · 교내 · 외 봉사활동 실적 기재	· 특기사항 미기재 · 개인봉사활동 실적 대입 미반영. 단, 학교 교육 계획에 따라 교사가 지도한 실적은 대입 반영
	진로활동	· 연간 1,000자	· 연간 700자 · 진로희망 분야 대입 미반영	· 연간 700자 · 진로희망 분야 대입 미반영
	수상경력	· 모든 교내수상	· 교내수상 학기당 1건만 (3년간 6건) 대입 반영	· 대입 미반영
	독서활동	· 도서명과 저자	· 도서명과 저자	· 대입 미반영

※ (미기재) 학생부에서 삭제, (미반영) 학생부에는 기재하되, 대입자료로 미전송

---

10) 〈대입제도 공정성 강화 방안〉, 교육부 학생부종합전형조사단, 2019

석률과 학업성취율이 기준에 도달해야 과목을 이수할 수 있고, 3년간 192학점 이상을 취득해야 졸업할 수 있다. 이러한 변화는 학생이 자신의 진로에 맞게 교과를 선택할 수 있는 선택권을 보장해 주기 위한 것이다. 실제로 고교학점제 선도학교에서는 다양한 선택교과가 제공되고 있다.

진로 선택과목 알아보기

진로 선택과목의 평가 방법이 다르다는 것은 고교학점제의 특징 중 하나다. 등급이 나오지 않고 본인 점수, 평균, 성취도와 그 비율이 나오기 때문에 대학마다 그 반영 방법이 다양하다. 그래서 그에 대해 알아봄으로써 진로 선택과목을 정할 때 참고할 수 있도록 했다.

진로 선택과목의 성적 산출 방법을 안내하고 자신이 대학입시 관계자라면 그 결과를 어떻게 반영할 것인지도 이야기 나누었다. 학생들의 다양

〈3-39〉 진로 선택과목의 대입 반영 사례

사회문제탐구

원점수	과목 평균	성취도	성취도별 분포 비율
90점	70점	A등급	A:B:C = 3:4:3

대학의 성적 산출	1. 변환 석차 등급 산출	2. 성취도에 따른 점수 부여	3. 정성평가	4.미반영
	1	20	성적+교과 세특	미반영

한 생각을 네 가지로 범주화하여 실제 사례를 들어 설명해 주었다. 성취도와 그 비율을 이용하여 등급처럼 환산하는 경우(고려대), 성취도에 따른 절대 점수를 부여하는 경우(연세대), 성적과 교과 세부능력 및 특기사항을 이용해 정성평가하는 경우(성균관대), 성적이 없어서 미반영하는 경우(서울시립대)로 나누어 예시를 주고 학생들이 직접 계산해 볼 수 있는 기회를 제공하였다. 이로써 진로 선택과목의 대입 반영에 대한 이해를 높였다.

적성검사 분석하기

학과계열선정검사 결과 분석 영상을 이용하여 학생들이 각자의 결과를 분석하도록 했다. 커리어넷의 직업적성검사와 학과계열선정검사를 종합적으로 분석하여 자신의 진로를 적극 탐색할 수 있는 시간이었다. 이 시간을 통해 모든 학생이 진로를 결정할 수 있다면 좋았겠지만 현실은 그렇지 않았다. 수업은 진로 탐색 방법을 가르쳐 주는 시간이라는 생각으로 진행해야 한다. 그래야 학생들도 당장 진로를 결정해야 한다는 부담감을 덜 수 있을 것이다.

희망 진로에 따른 학과 탐색하기

진로에 따른 학과 탐색은 대입정보포털사이트를 이용했다. 대입정보포털사이트는 진로를 탐색할 때도 활용할 수 있다. 우리나라에 있는 모든 일반 대학의 학과를 검색할 수 있기 때문에 매우 유용하다. 대학교의 홈페이지가 링크로 연결되어 있으며, 회원 가입을 하여 자신의 성적을 입력하면 대학별 성적 분석도 가능하다.

나만의 교육과정 만들기

우리 학교의 교육과정을 이해하고 직접 교과를 선택해 보는 시간을 가졌다. 출력한 1차 수강신청 결과를 가지고 학생들이 스스로 확인하고 수정하는 시간이다.

〈3-40〉1차 수강신청 결과 사례

학년	교과(군)	1학기	2학기
2	기초	문학	고전 읽기
		수학 I	수학 II
		영어 I	영어 II
	탐구	세계지리, 동아시아사	윤리와 사상, 생활과 헌법
	체육	운동과 건강	
	예술	음악 연주	
	제2외국어	러시아어 I	
	영역 간	실용 국어	영어권 문화

학년	교과(군)	1학기	2학기
3	기초	화법과 작문	독서
		영어 독해와 작문	
	체육	스포츠 생활	
	교양	심리학	
	영역 간	언어와 매체, 심화 국어, 실용 영어, 여행 지리, 사회, 문화, 생활과 윤리, 러시아어 회화 I	

〔점검 결과〕

문항	결과
1) 전체 선택과목 수(16개)에 맞게 선택하였는가?	Pass
2) 영역간 선택과목에서 국,영,수 과목을 24단위 이하로 선택하였는가?	Pass
3) 사회교과를 최소 1과목 이상 선택하였는가?	Pass
4) 과학교과를 최소 1과목 이상 선택하였는가?	Fail
5) 과목의 위계에 맞게 선택하였는가?	Pass

〈3-40〉 1차 수강신청 결과 사례를 자세히 살펴보면 점검 결과의 네 번째 칸이 'Fail'이다. 과학교과를 한 과목 선택해야 필수 이수 단위를 만족할 수 있기 때문에 2학년 탐구과목에서 과학교과를 하나 선택하거나 3학년에 실용 영어를 빼고 과학 교과인 생활과 과학을 선택할 수 있도록 코칭해 주었다. 또 수능을 볼 수도 있다고 하여 2학년의 실용 국어를 확률과통계로 변경했다. 그 이유는 인문 계열 대학에 진학하려는 학생은 수학능력평가에서 확률과 통계로 선택하는 경우가 대부분이기 때문이다.

물론 학생에게 과목을 왜 선택했는지 물어보고 그 이유가 타당하면 그대로 수강할 수 있도록 지지해 주었다.

나의 학교 생활 계획서 작성하기

학교 생활 계획서를 작성하고 어떻게 실천할 것인지 생각하는 시간을 가졌다. 3년 동안 학교 생활을 어떻게 할 것인가를 계획하는 시간으로, 구체적으로는 교과, 생활습관, 교우관계, 독서 활동, 자율 활동, 동아리 활동, 봉사활동, 진로 활동 등을 계획한다. 학업 계획서라고도 불리는 이 과정은 다른 파트에서 별도로 진행했기 때문에 간단하게 마무리했다.

대신 자신의 교육과정 특징을 적는 활동을 진행했다. 먼저 자신의 적성, 진로와 관련 있는 과목을 적는 활동을 하고 이 과목들을 자신의 진로와 연계하여 자신만의 교육과정의 특징을 적게 했다. 이 부분은 학교생활기록부에 기록했다. 아직 진로가 결정되지 않은 학생은 계열이나 관심 분야를 적는 것으로 갈음했다.

이 활동에서 주의할 점은 진로를 학교생활기록부에 적는 것이 유리한지 확인하는 것이다. 만약 1학년 활동에서 선택하겠다고 기록하고 실제

〈3-41〉 교육과정 특징을 적는 활동 사례

	일반 선택	진로 선택(전문 교과Ⅰ, Ⅱ 포함)
나의 적성 및 진로와 관련 있는 과목	미적분, 확률과 통계, 물리Ⅰ, 정보	인공지능 기초, 인공지능 수학, 물리Ⅱ, 기하

자율주행 자동차가 단계에 맞추어 순차적으로 개발되어 실생활에 사용되고 있다. 우리 옆으로 다가온 자율주행 자동차가 해킹을 당한다면 무서운 무기가 될 수 있다는 생각에 보안전문가를 꿈꾸게 되었다. 고도로 발전되고 있는 최첨단 기술들로부터 재산과 생명을 지키는 보안전문가가 되기 위해 기초 학문인 미적분, 확률과 통계, 기하를 선택하고 물리Ⅰ, 정보, 인공지능 기초, 인공지능 수학, 물리Ⅱ를 공부하여 보안전문가에게 필요한 소양을 키우겠다.

선택하지 않는 경우, 학교생활기록부에 대한 신뢰가 떨어질 수 있기 때문이다. 그러므로 꼭 선택할 교과만 기록하는 것이 좋다.

나만의 루틴 만들기

계획을 실천하는 힘을 기르기 위해 간단한 루틴을 만드는 시간을 가졌다. 수업 시간에 나만의 루틴을 만들고 직접 실천하는 프로그램을 진행했다. 온라인 수업 덕분에 익숙해진 온라인 플랫폼에 자신의 루틴을 실천하고 매일 그 증거를 올리도록 했다. 매일 올린 루틴 결과를 확인하고 하트와 간단한 댓글로 피드백을 주었다. 5주 동안 80% 이상 실천한 학생은 학교생활기록부에 기록했다.

Chapter (6)

고교학점제 교육과정
편성·운영 살펴보기

✓

1. 선택과목 안내 방법

학교에서는 학교의 특색에 맞게 학생의 수요에 따라 과목을 개설하되, 필요한 경우 전문교과의 과목을 개설할 수 있다. 또한 시도교육청이 정한 지침에 따라 교육과정에 제시된 과목 외에 새로운 과목을 개설할 수 있다.

그리고 학생들은 학교의 교육과정에 따라 공통과목을 포함한 교과 필수 이수 단위를 준수하여 자유롭게 과목을 선택할 수 있다. 자신의 진로에 맞추어 과목을 선택하기 위해서는 선택과목에 대해 잘 알아야 하므로 학생들에게 선택과목에 대해 알려 주는 다양한 방법에 대해 알아보자.

교육과정 박람회

교육과정 박람회는 대부분 학교 단위로 이루어지고 있다. 이는 선택과목에 대해 학생과 학부모들이 알 수 있도록 다양한 방법으로 진행된다. 크게는 온라인 교육과정 박람회와 오프라인으로 진행되는 교육과정 박람회로 나눌 수 있다.

오프라인 교육과정 박람회는 교실을 활용하여 학생들이 궁금한 교과 교실로 찾아가서 설명을 듣는 방법, 강당에 부스를 설치하여 학생들이 부스를 돌아다니면서 체험하는 방법이 있다. 오프라인으로 진행이 어려운 학교에서는 온라인을 활용해 진행할 수 있다. 홈페이지에 학생과 학부모가 개설되는 선택과목과 각 교과의 특징을 알아볼 수 있도록 게시하는 방법이다. 이는 온라인 상태가 좋지 않거나 컴퓨터가 친숙하지 않은 사람들의 접근성이 떨어진다는 단점이 있지만, 언제든지 궁금하면 다시 찾아볼 수 있다는 장점도 있다.

교육과정 박람회는 학생들의 진로와 적성에 맞는 과목 선택과 역량을 함양하는 것을 목표로 공동으로 주최하기도 한다. 예천군 관내 고등학교인 대창고등학교, 예천여자고등학교, 경북고등학교가 2021년 'YE1000 교육과정 박람회'라는 이름으로 공동 교육과정 박람회를 연 것이 대표적이다. '아름다운 예천 학생들의 천 가지 교육과정'이라는 부제를 가지고 16개 교과 부스, 2개 진로진학 부스, 진로진학 특강 등의 행사를 연합으로 준비하여 진행했다.

교육과정 설명회

교육과정 설명회는 학교에서 준비한 자료를 설명하는 일이 주를 이룬다. 2015 개정 교육과정이 시작되는 시기에는 학부모와 학생들을 대상으로 주로 교육과정 설명회 또는 간담회를 열었다. 그러나 선택과목에 대한 궁금증이 커지면서 각 교과에 대한 궁금증을 해소할 수 있는 교육과정 박람회를 교육과정 설명회와 같이 진행하는 경우가 늘고 있다. 1부는 교육과정 설명회를 개최하고 2부는 각 교과에 대해 알아보는 교육과정 박람회를 여는 것이다. 더불어 3부로 학업 계획 수립에 대해 상담하는 것도 가능하다.

선후배 멘토링

선후배 멘토링은 학교의 선택과목 특색을 잘 알 수 있는 방법 중 하나다. 선배들에게 과목에 대해 궁금한 점을 물어볼 수 있으며 학교에서 해당 과목을 어떤 방법으로 가르쳐 주는지도 들을 수 있어서 학교의 특징을 반영한 선택과목에 대한 정보를 알 수 있는 좋은 방법이다.

■ 박람회 형태의 멘토링

상위 학년 학생 중 멘토링을 할 학생들을 선발하여 선택과목에 대해 탐색할 시간과 방법에 대해 함께 협의할 시간을 준다. 한 반에 2명의 학생이 짝이 되어 들어가게 구성한다. 이들은 설명할 선택과목을 나누어 맡아 예상 질문에 대한 답변을 상의해 준비한다. 선후배 멘토링 당일 교실 순환 순서를 정하고 한 반에 20분씩 머물다 다음 반으로 이동하는 식으로 진행한다.

■ 그룹 멘토링

멘토와 멘티가 그룹 혹은 일대일로 만나는 방식이다. 멘토는 멘티에게 고교학점제와 과목 선택에서 겪는 어려움에 대해 도움을 주고 교육과정에 대한 이해를 바탕으로 진로에 맞는 과목을 선택하여 학습목표에 도달할 수 있도록 지원한다.

화암고등학교는 학업 설계 학생지원단(멘토)을 선발하여 선후배 간의 든든한 멘토링과 학업 코칭을 실시했다. 학업 설계 학생지원단은 2학년을 대상으로 2주간 지원동기, 자기소개서 등을 받아 선발했으며, 1학년 학생들의 진로를 조사하여 비슷한 관심을 가진 학생들을 매칭시켰다. 그러면 멘토는 멘티와 점심시간과 쉬는 시간을 이용하여 학교 내 휴게공간인 북카페, 홈베이스 등에서 만나 그룹 또는 일대일 형태로 코칭했다. 코로나로 인하여 대면이 어려울 때는 오픈채팅방과 패들렛을 이용하여 온라인 상담도 했다.

혼합형 박람회

혼합형 박람회는 학과 탐색, 교육과정 설명회, 멘토링을 모두 연계하여 하나의 프로그램으로 진행하는 방법이다.

대학교에서 제공하는 교수와 재학생들로 이루어진 학과 설명회 지원팀을 활용하여 학생들이 관심을 가진 진로 분야에 대해 탐색할 기회를 제공할 수 있다. 이는 대학교에서 무료로 지원해 주는 경우가 많다. 전문대학교는 보다 적극적으로 학교에 내방하여 진로 탐색을 도와주기도 한다. 한편 코로나로 인하여 온라인으로 진행하는 대학교도 생겨나서 학생들은 보다 다양한 대학교의 설명회를 들을 수 있게 되었다. 고등학교에서 설명회 진행을 요청하더라도 거리가 멀어서 진행이 어려운 경우가 많았는데, 이제는 거리가 먼 대학교도 온라인으로 설명회를 제공할 수 있게 된 것이다. 다만 학생들의 설명회 요청이 서울 소재의 대학들로 몰리는 것은 안타까운 현실이다.

학생들이 대학교에서 제공하는 학과 설명회를 듣고 나면 학교 선생님들을 중심으로 교육과정 박람회를 진행한다. 이를 통해 학생은 학교 교육과정의 특징을 파악하고 이수기준과 졸업 필수 단위 수 등 정보를 파악하고 교과별 특징을 알아본다. 마지막으로 학생 멘토링을 진행하면 선배들에게서 다양한 정보를 제공받아 과목 선택 및 학업 계획을 수립한다. 이처럼 다양한 활동들은 한두 시간으로 끝날 수 없다.

혼합형 박람회를 성공적으로 운영한 학교는 안동여자고등학교다. 1학년 학생들을 대상으로 학생 선택형 교육과정 설계를 위해 지역 대학과 연계하여 진로 탐색 기회를 제공했다. 먼저 안동대학교의 생명공학부, 간호학과, 영어교육과, 미술학과와 같은 주요 학과를 전공 교수와 대학생이 소개하는 시간을 가졌다. 전공에 대한 정보와 그에 필요한 교과에 대한 설명을 통해 학생들은 진로에 맞는 과목 선택에 대해 알 수 있었다. 그후 선택과목 담당 선생님들이 교과군으로 나누어 부스를 운영하여, 2~3학년의 선택과목에 대해 설명하고 궁금증을 해결해 주었다. 마지막으로 2학년들로 이루어진 학교 교육과정 멘토들이 사전 회의를 거쳐 교육과정에 대해 준비한 것을 1학년 학생들에게 생동감 있게 전했다.

학과 설명회, 학교 교육과정 설명회, 교육과정 박람회, 멘토링을 연계한 학교 자율 교육과정 운영은 학생들이 진로에 대해 탐색하고 과목을 선택하여 학업 계획을 수립할 수 있는 뜻깊은 시간이 될 것이다.

2. 희망과목 수요 조사

희망과목 수요 조사는 학생들이 진로나 적성, 흥미에 따라 과목을 선택하도록 지원하기 위함이다. 이때 학생에 대해 알아볼 수 있는 학과계열선정검사 등 진로와 관련된 다양한 검사 결과와 상담 결과를 활용한다. 친구와 같은 교과를 선택하거나 진로나 적성과 상관없이 성적을 잘 받기 위해 비합리적으로 수요 조사에 참여하지 않도록 안내해야 한다.

수요 조사 목적

희망과목 수요 조사는 교육과정 편성안 확정과 과목 운영 여건 마련을 위하여 학생의 진로 선택에 부합하는 과목 선택에 대한 상담, 교사의 개설 희망과목 현황, 학교 상황을 반영한 개설 가능 과목 현황 등을 파악하는 것을 목적으로 한다.

최초의 희망과목 수요 조사는 학생들의 선호 과목 파악을 위해 1학기 내에 실시한다. 그리고 수강신청과 교과서 주문 등의 일정을 고려하여 최종 과목 개설을 위한 최종 수강신청 시기를 결정한다. 1학년은 2, 3학년 선택과목에 대한 수요 조사를 실시하고, 2학년이 되면 3학년 선택과목에 대한 수요 조사를 다시 실시한다. 이 무렵은 진로에 대한 탐색을 적극적으로 하는 시기이다 보니 진로 변화도 많이 일어나곤 한다. 그러므로 여러 번의 수요 조사를 통해 학생들의 의견을 파악해야 한다. 이는 성공적인 고교학점제를 위해 필요한 과정이다.

수요 조사 방법

학생의 희망과목 수요 조사를 위해 첫 번째로 해야 하는 일은 교직원들의 협의다. 학생들의 다양한 요구에 따른 선택과목을 어느 선까지 수용하여 개설할 것인지 교직원의 공감대가 형성되지 않는다면 교육과정 운영에 어려움이 생길 수 있다. 고교학점제를 통해 학생의 선택의 폭이 넓어질수록 교사의 부담은 증가할 수밖에 없기 때문이다. 즉 다교과 지도가 늘어나는 것은 물론이고 학교에 개설하기 어려운 교과를 학생이 이수할 수 있도록 지원하려면 그 또한 교사의 업무 증가로 이어질 것이라는 말이다. 그래서 학생들의 선택의 폭을 넓혀 주기 위한 교직원들의 공감대가 반드시 필요하다.

두 번째, 학생들의 요구 파악이다. 조사 방식은 온오프라인으로 운영 가능하며 학생들이 수강하고 싶은 과목을 조사한다. 수요 조사를 한 번만 실시하여 결정하기보다는 두세 번의 수요 조사를 통해 선택과목을 확정하는 것을 추천한다. 다만 횟수는 현장에 맞추어 조절한다.

세 번째, 학생의 요구를 토대로 교육과정협의회와 교과협의회를 통해 최종 수강신청 대상 과목을 확정한다. 보통교과, 전문교과Ⅰ, 전문교과Ⅱ, 고시 외 과목 등을 개설할 수 있으며 학교의 특성과 학생들의 요구가 반영된 과목을 선정한다.

희망과목 수요 조사는 반드시 실시해야 하는 과정이지만, 학교의 사정에 따라 탄력적으로 변형하여 운영한다. 다음은 희망과목 수요 조사 과정에서 활용한 가정통신문이다.

〈3-42〉 희망과목 수요 조사 가정통신문

학교명	학교 비전	○○고 제 2022-○○호

가 정 통 신 문

담당부서 : ○○○○부
문의전화 : ○○○-○○○-○○○○
홈페이지 : http://○○○
○.hs.kr

학생 선택과목 수요조사 안내

학부모님, 안녕하십니까? 2015 개정교육과정에서는 학생들의 기초 소양 함양과 기초 학력 보장을 위해 공통 과목을 개설하고, 자신의 진로와 적성에 따라 다양한 선택과목(일반 선택, 진로 선택)을 이수할 수 있게 되었습니다. 기초 교과 영역에 한국사(6단위)를 포함함으로써 실질적으로 국어, 수학, 영어를 포함하여 교과 총 이수단위의 50%를 넘지 못하도록 하고 있습니다. 학생들의 진로 및 흥미가 반영된 과목이 개설될 수 있도록 적극적인 관심과 참여를 부탁드립니다.

■ 2015 개정 교육과정에 따른 국가교육과정 과목 편제 안내

구분	교과영역	교과(군)	공통과목	선택과목 일반 선택	선택과목 진로 선택
보통교과	기초	국어	국어	화법과 작문, 독서, 언어와 매체, 문학	실용국어, 심화국어, 고전읽기
		수학	수학	수학Ⅰ, 수학Ⅱ, 미적분, 확률과 통계	실용수학, 기하, 경제수학, 수학과제 탐구
		영어	영어	영어회화, 영어Ⅰ, 영어독해와작문, 영어Ⅱ	실용영어, 영어권문화, 진로영어, 영미문학읽기
		한국사	한국사		
	탐구	사회 (역사/도덕포함)	통합사회	한국지리, 세계지리, 세계사, 동아시아사, 경제, 정치와 법, 사회·문화, 생활과 윤리, 윤리와 사상	여행지리, 사회문제 탐구, 고전과 윤리
		과학	통합과학, 과학탐구실험	물리Ⅰ, 화학Ⅰ, 생명과학Ⅰ, 지구과학Ⅰ	물리Ⅱ, 화학Ⅱ, 생명과학Ⅱ, 지구과학Ⅱ, 과학사, 생활과 과학, 융합과학
	체육예술	체육		체육, 운동과 건강	스포츠 생활, 체육 탐구
		예술		음악, 미술, 연극	음악연주, 음악감상과 비평, 미술 창작, 미술 감상과 비평
	생활교양	기술·가정		기술·가정, 정보	농업 생명 과학, 공학 일반, 창의 경영, 해양 문화와 기술, 가정과학, 지식 재산 일반
		제2외국어		독일어Ⅰ, 프랑스어Ⅰ, 스페인어Ⅰ, 중국어Ⅰ, 일본어Ⅰ, 러시아어Ⅰ, 아랍어Ⅰ, 베트남어Ⅰ	독일어Ⅱ, 프랑스어Ⅱ, 스페인어Ⅱ, 중국어Ⅱ, 일본어Ⅱ, 러시아어Ⅱ, 아랍어Ⅱ, 베트남어Ⅱ
		한문		한문Ⅰ	한문Ⅱ
		교양		철학, 논리학, 심리학, 교육학, 종교학, 진로와 직업, 보건, 환경, 실용 경제, 논술	
전문교과Ⅰ		과학계열	심화수학Ⅰ, 심화수학Ⅱ, 고급수학Ⅰ, 고급수학Ⅱ, 고급물리학, 고급화학, 고급생명과학, 고급지구과학, 물리학실험, 화학실험, 생명과학실험, 지구과학실험, 정보과학, 융합과학탐구, 과학과제연구, 생태와환경		
		체육계열	스포츠개론, 체육과진로탐구, 체육지도법, 육상운동, 체조운동, 수상운동, 개인·대인운동 등		
		예술계열	음악이론, 음악사, 시창·청음, 음악전공실기, 미술이론, 미술사, 드로잉 등		
		외국어계열	심화영어회화Ⅰ, 심화영어회화Ⅱ, 심화영어Ⅰ, 심화영어Ⅱ, 심화영어독해Ⅰ 등		
		국제계열	국제정치, 국제경제, 국제법, 지역이해, 한국사회의이해 등		

① 선택 과목의 기본 단위 수는 5단위이다.
② 교양 교과목을 제외한 일반 선택 과목은 2단위 범위 내에서 증감하여 편성·운영할 수 있다.
③ 교양 교과목과 진로 선택 과목은 3단위 범위 내에서 증감하여 편성·운영할 수 있다.
④ 체육 교과는 매 학기 편성하도록 한다.

○ 시기: 2022. 3. 21. ~ 2022. 3. 25.
○ 대상: 1학년
○ 방법: 구글 설문: http://XXX.XXXX.XXX
  (학교에서 발급한 구글 계정으로 로그인해야 설문 참여 가능)
○ 선택 내용: 개설 희망 과목 선택
○ 결과 공유: 홈페이지 게시 및 다음 가정통신문에 개설과목 표시

2022. 3. 21.

○ ○ 고 등 학 교 장 [직인 생략]

3. 교육과정 편성 시 유의사항

현재 교육과정 편성·운영 기준 확인하기[11]

먼저 2015 개정 교육과정 총론에 나와 있는 교육과정 편성·운영 기준을 살펴보자.

1) 공통 사항

가) 고등학교 교육과정의 총 이수 단위는 204단위이며 교과(군) 180단위, 창의적 체험활동 24단위(408시간)로 나누어 편성한다.

나) 학교는 학생들이 이수해야 할 3년간의 과목을 학년별, 학기별로 편성하여 안내한다.

다) 학교는 교육 효과를 높이기 위하여 학생의 학기 당 이수 과목 수를 8개 이내로 편성하도록 한다. 단, 과학탐구실험, 체육·예술·교양 교과목, 진로 선택과목은 이수 교과목 수 제한에서 제외하여 편성·운영할 수 있다.

라) 과목의 이수 시기와 단위는 학교에서 자율적으로 편성·운영할 수 있다. 단, 공통과목은 해당 교과(군)의 선택과목 이수 전에 편성·운영하는 것을 원칙으로 한다.

마) 선택과목 중에서 위계성을 갖는 과목의 경우, 계열적 학습이 되도록 편성한다. 단, 학교의 실정 및 학생의 요구, 과목의 성격에 따라

---

11) 〈2015 개정 교육과정 총론 해설-고등학교〉, 교육부, 2017

탄력적으로 편성·운영할 수 있다.

바) 학교는 일정 규모 이상의 학생이 이 교육과정에 제시된 선택과목의 개설을 요청할 경우 해당 과목을 개설해야 한다. 이 경우 시·도 교육청이 정하는 지침에 따른다.

사) 학교에서 개설하지 않은 선택과목 이수를 희망하는 학생이 있을 경우 그 과목을 개설한 다른 학교에서의 이수를 인정하도록 한다.

아) 학교는 필요에 따라 이 교육과정에 제시되어 있는 과목 외에 새로운 과목을 개설할 수 있다. 이 경우 시·도 교육청이 정하는 지침에 따라 사전에 필요한 절차를 거쳐야 한다.

자) 학교 및 학생의 필요에 따라 지역사회의 학습장에서 이루어진 학습을 이수 과목으로 인정할 수 있다. 이 경우 시·도 교육청이 정하는 지침에 따른다.

차) 학교는 필요에 따라 대학과목 선이수제의 과목을 개설할 수 있고, 국제적으로 공인된 교육과정이나 과목을 개설할 수 있다. 이 경우 시·도 교육청이 정하는 지침에 따른다.

카) 학교는 필요에 따라 교과의 총 이수 단위를 증배 운영할 수 있다. 단, 특수목적 고등학교와 특성화 고등학교는 전문교과의 과목에 한하여 증배 운영할 수 있다.

타) 학교는 학생들의 발달수준, 학교의 여건 등을 고려하여 창의적 체험활동을 자율적으로 편성·운영하고, 학생의 진로와 연계하여 다양한 활동이 이뤄질 수 있도록 노력한다.

2) 일반 고등학교(자율 고등학교 포함)

가) 교과(군)의 총 이수 단위 180단위 중 필수 이수 단위는 94단위 이상으로 한다.

나) 학교는 교육과정을 보통교과 중심으로 편성하되, 필요에 따라 전문교과의 과목을 개설할 수 있다.

다) 학교는 교육과정에 제시된 선택과목에 관한 정보를 제공하고, 학생이 이수하기를 희망하는 일반 선택과목은 개설하도록 노력해야 한다.

라) 학교는 모든 학생이 보통교과의 진로 선택과목에서 3개 과목 이상을 이수할 수 있도록 한다.

마) 학교에서 제2외국어 과목을 개설할 경우, 2개 이상의 과목을 동시에 개설하도록 노력해야 한다.

바) 특정 교과를 중심으로 중점 학교를 운영할 수 있으며, 이 경우 학교 자율 과정의 50% 이상을 해당 교과목으로 편성할 수 있다.

사) 체육, 음악, 미술 등의 과정을 개설하는 학교의 경우, 필요에 따라 지역 내 중점 학교 및 지역사회 학습장 등을 활용할 수 있다.

아) 학교는 직업에 관한 과정을 운영할 수 있으며, 이 경우 시·도 교육청이 정하는 지침에 따른다.

3) 특수목적 고등학교(산업수요 맞춤형 고등학교 제외)

가) 특수목적 고등학교는 교과(군)의 이수 단위 180단위 중 보통교과는 85단위 이상 편성하며, 전공 관련 전문교과 I 을 72단위 이상 편성한다.

나) 외국어 계열 고등학교에서는 전문교과 I 의 총 이수 단위의 60% 이상을 전공 외국어로 하고, 전공 외국어 포함 2개 외국어로 전문교과 I 의 과목을 편성해야 한다.

다) 국제 계열 고등학교는 전문교과 I 의 국제 계열 과목과 외국어 계열 과목을 72단위 이상 이수하되, 국제 계열 과목을 50% 이상 편성한다.

라) 이 교육과정에 명시되지 않은 계열의 교육과정은 유사 계열의 교육과정에 준한다. 부득이 새로운 계열의 설치 및 그에 따른 교육과정을 편성할 경우와 학교의 실정에 따라 새로운 과목을 편성하여 운영하고자 할 경우에는 시·도 교육청이 정하는 지침에 따라 사전에 필요한 절차를 거쳐야 한다.

공통 사항 라)를 보면 공통과목은 해당 교과(군)의 선택과목 이수 전에 편성해야 하므로 주로 1학년에 편성된다. 그래서 1학년에 국어, 수학, 영어, 한국사, 통합사회, 통합과학, 체육이 기본적으로 편성되는 것이다. 그리고 미술과 음악 중 하나를 선택하고 생활·교양 과목을 하나 선택하도록 구성되어 전국의 일반계고 1학년의 교과 편성은 모두 비슷하다.

교육부는 2021년 8월 23일에 '2025년 고교학점제 전면 적용을 위한 단계적 이행 계획(안)'을 발표함으로써 고교학점제 도입을 위한 준비를 계획할 수 있도록 하였다. 여기에는 수업량을 적정화하여 단계적으로 204단위에서 192학점으로 변화하기 위한 고교학점제 단계적 이행 로드맵도 제시되어 있다.

〈3-43〉 고교학점제 단계적 이행 로드맵

	기반 마련	운영체제 전환	제도의 단계적 적용		고교학점제 전면 적용
	~2021	2022	2023	2024	2025~
수업량 기준	단위	단위 (특성화고: 학점)	학점		학점
총 이수학점	1~3 학년 204 단위	1학년 204단위	1학년 192학점	1학년 192학점	1학년 192학점
		2학년 204단위	2학년 204단위	2학년 192학점	2학년 192학점
		3학년 204단위	3학년 204단위	3학년 204단위	3학년 192학점
연구·선도 학교 비중	55.9%	84%	95%	100%	고교학점제 안정적 운영
책임교육	준거 개발	교원 연수 시도·학교 준비	공통과목(국어, 수학, 영어) 최소 학업성취수준 보장 지도		전 과목 미이수제 도입
평가제도		진로 선택과목 성취평가제 (공통, 일반 선택과목 9등급 병기)			모든 선택과목 성취평가제 (공통과목 9등급 병기)

출처 : 〈2025년 고교학점제 전면 적용을 위한 단계적 이행 계획(안)〉[2022-2024], 교육부, 2021

출처 : 〈2025년 고교학점제 전면 적용을 위한 단계적 이행 계획(안)〉[2022-2024], 교육부, 2021

2023년과 2024년은 204단위를 배우는 학생과 192학점을 배우는 학생이 한 고등학교에 혼재하게 되고 2025년에는 모두 192학점을 배우게 된다. 또한 2025년부터는 2015 개정 교육과정이 아닌 2022 개정 교육과정이 적용되므로 한 고등학교에서 학년에 따라 다른 2개의 교육과정이 운영된다. 당연히 학교 현장에는 혼선이 있을 수밖에 없다.

교육부에서도 이를 예상하여 고교학점제를 단계적으로 준비할 수 있는 로드맵을 제공함으로써 교육과정을 학생들의 성장을 도울 수 있는 방향으로 변화시키고 이를 안정적으로 정착시키기 위해 노력하고 있다.

교과 영역의 구분 없는 선택과목 제시하기

2015 개정 교육과정 총론에 나와 있는 교육과정 편성·운영 기준은 반드시 준수하여야 한다. 동시에 학생들에게 다양한 선택과목을 제시하려면 교과 영역의 구분 없이 다양한 선택과목을 편성해야 한다. 다만 학생들이 많이 선택한 과목을 위해 한 명의 교사를 확보했는데 1년 만에 그 과목을 선택하는 학생이 줄어든다면 어떻게 할 것인지의 문제가 있다. 때로는 교사가 1년 만에 전출을 가야 할 수도 있을 것이다. 그러나 영역 구분 없이 다양한 교과를 편성하는 것은 학생이 진로에 맞게 선택할 수 있는 과목을 늘려 주기 위해 필요한 일이다.

다음의 〈3-44〉와 〈3-45〉는 ○○고등학교의 편성표 중 일부로, 영역 구분 있는 교과 선택과 영역 구분 없는 교과 선택의 사례다.

각 과목의 단위 수 일정하게 조정하기

학생들이 다양한 과목을 선택할 수 있도록 학교에 개설 과목을 늘리

<3-44> 영역 구분 있는 교과 선택

교과 영역	교과 (군)	과목		기준 단위	운영단위				1학년		2학년		3학년		영역 합계	필수 이수 단위
					공통	일반	진로	전문	1 학 기	2 학 기	1 학 기	2 학 기	1 학 기	2 학 기		
기초 교과 선택		기하/ 수학과제탐구	〔택1〕	5			4				2	2			18	
		언어와 매체/ 화법과 작문	〔택1〕	5		4							4			
		고전 읽기/ 미적분	〔택1〕	5			6						3	3		
		심화수학 I / 확률과 통계	〔택1〕	5			4						2	2		

<3-45> 영역 구분 없는 교과 선택

교과 영역	교과 (군)	과목		기준 단위	운영단위				1학년		2학년		3학년		영역 합계	필수 이수 단위
					공통	일반	진로	전문	1 학 기	2 학 기	1 학 기	2 학 기	1 학 기	2 학 기		
교과 영역 간 선택 과목		고전 읽기/기하/ 실용 영어/목공예	〔택1〕	2-5			4				2	2			4	

는 것은 여러 가지 한계에 부딪힌다. 우선 교사 수급의 문제가 있고, 학생의 시간표 편성의 문제도 있다. 공강 시간을 최소화하여 일과 시간을 늘리지 않기 위해서는 교과의 단위 수를 일정하게 조정하는 것이 도움이 된

다. 예를 들어 4단위와 2단위로 구성하면 2단위 2개를 합하면 4단위가 되어 몇 개의 과목을 묶어 시간표를 만들 수 있다. 또한 교과(군) 또는 교과 영역 간 선택과목은 단위 수가 같아야 한다. 예를 들어 생명과학 I(3단위), 화학 I(3단위) 중 택 1은 가능하지만 생명과학 I(3단위), 화학 I(2단위) 중 택 1은 불가능하다는 이야기다.

위계가 있는 과목 선택하기

과목 중에는 수학, 과학, 한문, 제2외국어와 같이 I, II로 구분된 것이 있다. 이 경우는 I을 배운 다음에 II를 이수하는 것이 좋다. 내용에 위계가 있기 때문에 I을 배우지 않고 II를 배우려고 하면 어려움이 있다. 과

〈3-46〉 수학 과목의 위계

〈전문 교과 I 의 위계〉

학과 수학은 학생들이 위계가 있다는 것을 인지하고 I을 배우지 않고 II를 배우려고 하는 경우가 거의 없다. 하지만 제2외국어의 경우 3학년 선택과목이 흡족하지 않은 경우 I을 배우지 않은 상태에서 II를 이수하려는 학생들이 종종 보인다.

다만 수학은 공통과목인 수학을 배운 후에 수학 I과 수학 II를 동시에 배울 수 있다. 그러고 나면 미적분을 배울 수 있다. 수학 과목의 위계는 〈3−46〉과 같다.

4. 선택과목 수강신청 방법

학생들은 담임교사, 진로교사, 교과교사 등과 상담하면서 학업 계획서를 작성하고 진로와 적성에 맞는 선택과목과 이수 시기 등을 결정하여 수강신청을 한다. 수강신청이 완료된 후 학교에서는 수업 운영 계획과 강의실 배정, 교과서 주문, 필요 교원 현황 파악 등을 진행해야 한다. 따라서 다음 학년도 수강신청은 1학기 말 또는 2학기 초에는 완료되어야 한다.

수강신청은 3회 정도 다양한 방법으로 진행한다. 가정통신문을 취합하여 교사가 직접 엑셀에 입력하는 방법, 네이버 폼이나 구글 폼으로 받는 방법, 지역교육청에서 만든 고교학점제 사이트 수강신청 시스템을 이용하는 방법 등이다. 교육부에서는 고교학점제 사이트(hscredit.kr)에 수강신청 시스템을 만들어 학교에서 사용할 수 있도록 하고 있다.

다음은 수강신청에 관한 가정통신문과 선택과목 수강신청서의 예시다.

〈3-47〉 수강신청 가정통신문

학교명	학교 비전 가 정 통 신 문	○○고 제 2022-○○호 담당부서 : ○○○○부 문의전화 : ○○○-○○○-○○○○ 홈페이지 : http://○○○○.hs.kr
	2022학년도 입학생 선택과목 희망조사(1차) 안내	

학부모님의 가정에 평안이 가득하기를 기원합니다.
2022학년도 입학생(1학년)들의 선택과목 희망 조사(1차)를 다음과 같이 실시하고자 합니다. 학생들의 진로 및 흥미가 반영된 과목을 선택할 수 있도록 조사방법 및 선택시 주의사항을 반드시 확인하시기 바랍니다.

◦ 시기: 22022.4.4.(월) 09:00 ~ 2022.4.10.(일) 24:00
◦ 대상: 1학년 학생
◦ 방법: 구글 설문: http://XXX.XXXX.XXX
     (학교에서 발급한 구글 계정으로 로그인해야 설문 참여 가능)
◦ '선택과목 안내자료' 사이트 내 '수강신청' 메뉴에서도 참여 가능
 : https://sites.gogle.com/XXX.XXXX.
◦ 선택내용: [선택과목 희망조사(1차) 안내] 참고
◦ 결과공유: 4월3주경 가정통신문(e-알리미) 발송 및 홈페이지 게시

학생들의 과목 선택 결과에 따라 과목 개설 여부가 결정되며, 선택 결과의 통계는 공유됩니다. 또한 이를 반영하여 2차 선택을 5월 2주에 진행될 예정입니다.
학부모님들의 많은 관심과 협조에 감사드립니다.

2022. 4. 1.

○○고등학교장 _{직인생략}

[선택과목 희망조사(1차) 안내]

① 참가대상 : 1학년 학생
② 조사방법 : 구글 설문(학교계정 로그인 필수)
　　　　　　　　https://forms.gle/rXeUxKtPHwxLXPXK7
③ 선택 기간 : 4.15(목) ~ 4.18(일)
④ 2차조사 예정기간 : 6월 2주 경

〔과목 선택 시 주의사항〕
○ 2학년 교과 영역 간 선택 과목은 학기별 중복 선택 불가
○ 2~3학년 선택과목 중 '국어, 수학, 영어'은 최대 24단위까지 선택 가능함
○ 2~3학년 선택과목 중 사회, 과학 과목은 최소 1과목 이상 선택 해야 함

〔2학년 선택과목〕
1. 탐구 교과군 선택 – 학기당 2과목씩, 총 4과목 선택

과목 명	이수 시기	
■ 세계지리	□ 1학기	□ 2학기
■ 동아시아사	□ 1학기	□ 2학기
■ 현대 세계의 변화	□ 1학기	□ 2학기
■ 윤리와 사상	□ 1학기	□ 2학기
■ 경제	□ 1학기	□ 2학기
■ 생활과 헌법	□ 1학기	□ 2학기
■ 사회문제 탐구	□ 1학기	□ 2학기
■ 물리학 I	□ 1학기	□ 2학기
■ 화학 I	□ 1학기	□ 2학기
■ 생명과학 I	□ 1학기	□ 2학기
■ 지구과학 I	□ 1학기	□ 2학기

2. 예술 교과군 선택 – 1과목
   ☐ 음악연주　　　　　　　☐ 미술창작

3. 제2외국어 교과군 선택 – 1학기
   ☐ 러시아어 Ⅰ　　　　　　☐ 중국어 Ⅰ

4. 교과 영역 간 선택 – 학기당 1과목씩, 총 2과목 선택

과목 명	이수 시기	
■ 실용 국어	☐ 1학기	☐ 2학기
■ 확률과 통계	☐ 1학기	☐ 2학기
■ 기하	☐ 1학기	☐ 2학기
■ 영어권 문화	☐ 1학기	☐ 2학기
■ 정보	☐ 1학기	☐ 2학기
■ 러시아 문화	☐ 1학기	☐ 2학기

〔3학년 선택과목〕

1. 교과 영역 간 선택 – 7과목
   ☐ 언어와 매체　　　　☐ 심화 국어　　　　☐ 미적분
   ☐ 수학과제 탐구　　　☐ 실용 수학　　　　☐ 심화 수학 Ⅰ
   ☐ 실용 영어　　　　　☐ 심화 영어 독해 Ⅰ
   ☐ 한국지리　　　　　　☐ 여행지리　　　　☐ 사회 · 문화
   ☐ 정치와 법　　　　　☐ 한국 근 · 현대사　☐ 생활과 윤리
   ☐ 물리학 Ⅱ　　　　　☐ 화학 Ⅱ　　　　　☐ 생명과학 Ⅱ
   ☐ 지구과학 Ⅱ　　　　☐ 생활과 과학　　　☐ 물리의 실험
   ☐ 화학 실험　　　　　☐ 생명과학 실험　　☐ 지구과학 실험
   ☐ 음악 전공 실기　　　☐ 드로잉　　　　　☐ 체육전공실기 심화
   ☐ 스포츠 경기 분석　　☐ 공학 일반　　　　☐ 가정과학
   ☐ 정보 과학　　　　　☐ 중국어 회화 Ⅰ　☐ 러시아어 회화 Ⅰ

2. 교양 교과군 선택 – 1과목
   ☐ 심리학　　　　　　　☐ 보건　　　　　　☐ 실용 경제
   ☐ 환경　　　　　　　　☐ 세계시민　　　　☐ 미디어 비평
   ☐ 컴퓨터 활용

5. 시간표 작성

시간표 작성의 유의점

고교학점제 담당 업무자의 가장 어려운 업무가 바로 시간표를 작성하는 것이다. 현재 많은 연구·시범 학교에서는 사설 업체에 의뢰하여 시간표를 작성한다. 그만큼 고려해야 할 점이 많고 복잡한 일이 바로 시간표 작성이다.

시간표 작성 시 고려할 점은 다음과 같다.

① 과목별 교원 정원

② 담임 학년

③ 순회교사(시간강사) 지원 여부 및 교사의 수업 가능 시간

④ 교사별 수업 시수

⑤ 분반 수와 강의실 수

⑥ 블록타임 배치 과목과 수업 시수

⑦ 과목 특성에 따른 수업 배치

⑧ 교사의 요구사항

그러나 이 모든 것을 고려하고 교과협의회를 통해 교사들이 가르칠 과목을 선택하여 시간표를 작성해도 부득이하게 교사가 원하지 않는 과목을 지도해야 하는 경우가 생길 수 있다. 블록타임은 미술과 같이 교과의 특성상 블록으로 진행해야 하는 경우는 물론이고 학생들의 잦은 이동을 줄이기 위해서도 필요한 방식이다. 다만 시간표가 다른 교사와 묶이기 때

문에 출장이나 개인 사정으로 변경하는 것이 어렵다. 그러므로 다른 교사
와 미리 상의하여 대책을 세우거나 변경하는 것이 좋다.

선택교과의 종류가 늘어나면 담임교사도 가르치는 학년을 기준으로
배치한다. 하지만 담임을 하는 동안 단 한 번도 수업 시간에 가르치지 못
하고 행정 처리만 할 수밖에 없는 학생의 수도 늘어난다.

공강 시간에 대한 준비

학생에게 선택의 폭을 넓히고, 그 선택을 존중한다는 고교학점제의 좋
은 취지에 맞춰 다양한 과목을 개설하려 할 때 제한적인 교사와 공간은
문제가 된다. 소인수 학생을 수용하는 강의실을 만들고 순회교사를 지원
받아 운영하여도 한계는 존재한다. 그로 인해 일부 학생에게 공강이 생길
수 있다. 공강 발생과 관련하여 고려할 점은 다음과 같다.

① 공강 대상 학생 및 학부모 안내 계획
② 공강 시간표 작성
③ 집합 장소 배정
④ 공강 학생 관리교사 배치
⑤ 공강 시간 운영 방안(프로젝트, 자기주도학습, 자율 동아리 활동 등) 마련

공강은 고등학생에게는 생소하게 느껴지고, 학부모에게는 문제로 여
겨질 것이다. 그러므로 학생이 진로와 희망에 따라 다양한 교과를 선택
할 수 있도록 하기 위해서는 공강이 발생할 수밖에 없음을 학생과 학부모
가 이해할 수 있도록 노력해야 한다. 우선 미리 공강이 생길 수 있음을 안

내하는 것이 필요하다. 그리고 최소한의 학생에게만 공강이 생기도록 시간표를 편성하고 학생들이 공강 시간을 나름의 목적에 맞게 보낼 수 있는 공간을 마련해야 한다.

예를 들어 조용히 배운 것을 복습하고 예습할 수 있는 자기주도학습 시간을 원하는 학생에게는 독서실을 배정하고, 이야기를 나누며 편안한 분위기에서 프로젝트를 진행하고 싶은 학생은 교내 카페를 배정한다. 혹은 와이파이 시설을 구비한 홈베이스에서 교육용 영상을 시청할 수 있도록 한다. 이때 각각의 공간에 관리교사를 배치하여 학생들이 목적에 맞는 활동을 할 수 있도록 지원하는 것도 필요하다.

원하는 곳에서 프로젝트, 자기주도학습, 자율 동아리 활동 등 다양한 활동을 할 수 있도록 공강 시간 운영 방안을 계획한다. 공강 시간을 이용하여 전문 상담교사에게 학교 생활에서 겪는 어려움을 상담하거나 진로교사, 담임교사와 개인 상담을 할 수도 있다. 이 시간을 이용하면 별도로 시간을 내어 상담하는 번거로움을 줄일 수 있다. 다만 모든 학생에게 공강이 있는 것이 아니므로 이러한 상담은 전반적인 상담보다는 간단한 상담이 적당하다.

Chapter 7

고교학점제를 위한 공간 재구성 살펴보기

✓

고교학점제를 효율적으로 시행하기 위해서는 공간의 재구성이 필요하다. 학생이 주인이 되는 공간으로 교육 주체가 쾌적하게 사용할 수 있으며 공간도 교육이 될 수 있다는 교육철학이 반영된 성장이 일어나는 공간을 조성한다.

1. 교과 교실 배치

고등학교 1학년은 공통과목을 주로 배우기 때문에 학급 단위로 시간표가 편성되지만 2, 3학년은 학급 단위의 수업이 줄고 많은 수업을 이동하기 때문에 교과 교실을 많이 배치한다. 행정학급인 반별로 조종례가 실시되므로 학급 명패와 교과 교실 명패를 함께 부착하여 운영하는 경우도 나타날 수 있다.

갈매고등학교는 2, 3학년 전 교과 교실을 〈3-50〉과 같이 배치했다. 그

〈3-50〉 갈매고등학교 공간 구축 모습

국어과, 사회과 교실 ZONE
다교과실(3학년 교실)

수학과, 과학과, 영어과 교실 ZONE
다교과실(2학년 교실)

1층 2층 3층 4층 5층

교육지원공간
진로, 보건 활동실
기술가정교과실 ZONE

외국어과, 사회과, 수학과 교실 ZONE
도서관 (2, 3학년 교실)

1학년 교실
예체능 교과 ZONE

출처 : 갈매고등학교 홈페이지 〉교육과정 〉공간 재구조화

리고 학생들이 이동하는 동안 혼란을 줄이기 위해 1층 교실은 1○○호, 2
층 교실은 2○○호와 같이 이름을 정해 찾아가기 쉽게 만들었다.

다양한 교과 수업이 가능한 동시에 변화하는 교수학습 방법 구현에 적
합하도록 가변형 교실도 조성했다. 이는 다양한 규모의 수업 개설에 적합
하다. 또한 선택과목별 학생 이동이 증가함에 따라 휴식을 취하거나 모둠
학습을 하거나 공강 시간을 활용하는 등 복합적으로 활용 가능한 홈베이
스와 카페 같은 교실이 아닌 공간도 만들었다. 갈매고등학교 홈페이지 교
육과정 탭에 있는 공간 재구조화 사진들은 학교 공간을 재구조화하는 데
참고하기에 적합하다.

2. 복합 기능 공간 홈베이스

홈베이스는 학생들의 이동 수업을 지원하기 위해 조성된 생활 기능, 휴식 기능, 사물함 보관 기능이 있는 공간을 말한다. 2000년대 이후 설립된 학교들은 교과 교실제를 하는 경우 사물함을 설치하기 위해 홈베이스를 크게 만들었다. 이에 따라 교실은 작아지고 복도와 홈베이스가 넓어지고 있다. 학급 인원수가 줄어들고 학생이 이동하는 시간이 많아지고 생활하는 공간이 각 학급 교실을 벗어나면서 생겨난 변화다.

홈베이스는 학생들이 쉽게 자신의 물건을 보관하고 가져올 수 있도록 건물 중앙에 자리하는 것이 일반적이다. 이 공간은 단순하게 물건을 수납하는 장소를 넘어서 점차 가변형 의자를 놓아 학생들이 앉아서 편안하게 휴식을 취하고 소통할 수 있는 공간으로 변화하고 있다.

3. 공강 교실

학생들이 공강 시간에 머물 수 있도록 다양한 공간을 조성한다. 각자의 목적에 따라 자기주도학습을 하고 싶은 학생은 독서실로, 휴식을 취하고 싶은 학생은 카페로, 팀 프로젝트를 진행할 학생은 메이커 교실로 이동한다.

이와 같은 공간을 조성할 때 학생들을 참여시키면 원하는 바를 반영하여 공간을 구성할 수 있으므로 활용도가 높아진다. 처음 공간을 구성할 때 학생들을 참여시키려면 수업 시간에 팀 프로젝트로 운영하거나 학생들의 아이디어를 공모하는 방법을 추천한다. 이렇게 만들어진 공간은 학생들의 사랑을 듬뿍 받는 장소가 될 것이다.

4. 가변형 교실

고교학점제를 실시하는 학교 공간은 고정된 곳이 아니라 상황과 때에 따라 변화하는 곳이 될 것이다. 예를 들어 2개의 교실을 폴딩도어로 분리하여 사용하다가 폴딩도어를 열어 하나의 공간으로 활용하는 식이다. 이러한 공간은 학생 수가 많은 교과목을 지도하거나 교직원 워크숍을 열 때 활용할 수 있다. 다만 폴딩도어는 방음이 어려운 단점이 있다. 그래서 복도와 교실 사이의 벽을 폴딩도어로 하여 개방감을 주는 교실도 등장했다. 공간의 변화는 학생들의 사고에 긍정적인 영향을 미칠 것이다.

고교학점제 평가
살펴보기

✓

교육부는 고교학점제를 2023년부터 단계적으로 시행하여 2025년에는 전면 도입하기로 했다. 일부 지역에서는 이를 조기 도입하여 진행하고 있으나, 대학입시라는 큰 걸림돌 때문에 평가는 다르게 진행하지 못하고 있다. 코로나19로 인하여 책임교육이 강조되고 있는 터라 고교학점제와 연계하여 단위학교의 책임교육 체제 구축에 대해 생각해 볼 필요가 있다.

고교학점제란 학생이 기초 소양과 기본 학력을 바탕으로 진로·적성에 따라 과목을 선택하고, 이수기준에 도달한 과목에 대해 학점을 취득·누적하여 졸업하는 제도다.[12] 교육부는 학업성취율과 과목 출석률이 모두 기준 이상이어야 이수가 가능하다고 기준을 제시했는데, 과목 출석률은 수업 횟수의 3분의 2 이상이고 학업성취율은 기준성취율 40% 이상이다.

---

12) 〈포용과 성장의 고교교육 구현을 위한 고교학점제 종합 추진계획〉, 교육부, 2021

출처 : 〈포용과 성장의 고교교육 구현을 위한 고교학점제 종합 추진계획〉, 교육부, 2021

1. 과목 출석률 미도달 학생 지도

고교학점제는 교육과정 측면에서 이수 단위가 학점이고 평가제도 측면에서는 과목별 성취기준에 따라 이수 여부가 결정된다. 기준성취율에 도달하지 못하면 학점을 취득할 수 없어서 졸업이 불가능하다.

지금까지 일정한 출석일수(전체 등교일의 2/3)만 충족하면 고등학교를 졸업하던 것과는 달라진 점이다. 현재 고등학생들은 학교에 와서 잠만 자고 수업에 적극적으로 참여하지 않더라도, 잦은 조퇴와 지각으로 수업에 참여하지 않는 시간이 많더라도 졸업이 가능했다. 학교에서는 이를 예방하기 위해 학생생활교육위원회를 통해 불성실하게 생활하는 학생들을 지도하려 노력했다. 그럼에도 중도에 학교를 그만두는 학생은 적지 않았다.

어쨌든 지금까지는 물의를 일으키지 않는 조용한 무기력한 학생들이 적절한 성장이 이루어지지 않았음에도 불구하고 출석일수 충족으로 고등학교를 졸업할 수 있었다. 하지만 앞으로 이런 학생들은 이수기준을 충족하지 못해 졸업이 어려울 것으로 보인다. 예를 들어 매일 7교시에 등교하는 학생의 경우 지금은 출석일수만 채우면 줄업할 수 있으나 고교학점제 아래에서는 1～6교시 수업에 참여하지 않았기 때문에 대부분의 과목이 낮은 출석률 때문에 미이수가 되어 졸업이 어렵다.

그러므로 학생이 지각, 결석, 결과를 자주 하여 미이수가 될 가능성이 있다면 이를 예방하기 위한 다양한 지원을 제공해야 한다. 이들은 인지적 영역뿐만 아니라 정서적 영역에 대한 지원이 필요한 학교 부적응 문제를 가졌을 가능성이 크다. 그러므로 학생이 가진 문제의 복합적인 원인을 파악하기 위해 우선 정서행동특성검사를 활용할 수 있다.

정서행동특성검사는 고등학교 1학년 전체를 대상으로 이루어지는 검사로 현재 겪고 있는 정서적 어려움을 알아볼 수 있는 기본 검사다. 다만 아침에 엄마한테 혼나고 학교에 와서 기분이 일시적으로 나쁜 와중에 검사를 실시할 경우 우울감이 매우 낮게 나올 수 있다. 그래서 검사 결과를 지나치게 믿지 말고 평소 학생을 관찰하고 면담하는 것이 필요하다.

학생이 정서적으로 어려움을 가지고 있다면 담임교사, 전문상담교사, 교과교사의 관심과 상담이 필요하다. 학교 내 상담만으로 문제 해결이 어려운 상황의 학생들은 외부 기관의 도움을 받는 것을 추천한다. 지역교육지원청에 있는 Wee센터 혹은 각 시에 있는 청소년상담복지센터는 무료로 이용할 수 있다. 이곳을 이용하려면 전화로 상담 가능 여부를 알아본 다음에 공문으로 신청서와 동의서를 제출하면 된다. 단, 인력의 한계가 있어서 연계가 어려운 경우도 있을 수 있다. 그리고 교육부에서 시행하는 다양한 지원방안을 활용할 수도 있다. 이를 통해 정서적으로 힘든 학생들이 주변의 관심과 도움을 받아 학교에 다닐 수 있도록 지원하는 것이다.

과목 출석률이 낮은 이유가 우울감만 있는 것은 아니다. 교우 관계를 잘 맺지 못하여 학교에서 어울리는 것을 어렵게 느끼는 학생들이 점심을 혼자 먹다가 끝내 학교에 오는 것을 포기하는 경우가 종종 있다. 이들을 학교 공동체가 따뜻하게 품어 줄 필요가 있다. 전문상담교사나 담임이 그룹 상담이나 프로그램을 진행하면서 소속감을 느낄 기회를 제공해 주는 것이 좋은 방법이다. 예를 들어 수업 시간에 다양한 모둠 활동을 하도록 하여 친구를 사귀게 하는 것이다. 또 교과교사의 작은 관심이 이런 학생에게는 큰 힘이 될 수 있다. 이를 위해서는 어려움을 느끼는 학생에 대한 정보를 교사들끼리 공유하고 함께 고민해 보는 것이 필요하다.

2. 최소학업성취수준 미도달 학생

고교학점제의 교과 이수기준은 과목 출석률과 학업성취율이다. 이중 학업성취율은 과목의 성취 목표에 도달한 정도를 말한다. 고교학점제 아래에서 학생은 스스로 선택한 과목을 충실히 이수할 책임감을 가져야 하고 학교는 학생이 과목을 이수할 수 있도록 다양한 방법으로 지원할 책임이 있다. '최소학업성취수준'이란 각 과목의 교수학습이 끝났을 때 학생들이 성취하기를 기대하는 지식, 기능, 태도에 최소한으로 도달한 정도를 의미하며 최소성취수준과 혼합하여 사용한다.

한국교육과정평가원(2019)에서는 공통과목(국어, 수학, 영어, 사회, 과학)에 대해서 교과 최소학업성취수준을 개발하여 제시한 바 있다. 이를 이용하는 연구학교와 선도학교도 있지만, 일부에서는 자체적으로 개발한 교과별 최소학업성취수준 진술문과 평가 문항을 이용한다. 이는 학교마다 학생의 수준과 상황이 다르기 때문인데, 고등학교를 졸업하는 기준으로 활용되는 것이므로 일괄 제시되어야 한다는 의견도 있다.

현재 학생과 학부모는 출석일수에 의해 졸업이 결정되는 현 제도에 익숙하여 최소학업성취수준에 도달하지 못하면 미이수로 졸업이 불가능한 고교학점제를 받아들이기 힘들 수 있다. 그러므로 고교학점제가 본격 시행되면 학교는 학생과 학부모에게 학기를 시작하기 전 교과별로 최소학업성취수준 진술문을 공개하는 등 충분한 설명을 해야 한다.

경기도교육연구원의 연구에 의하면 평가 계획 수립 시 최소학업성취수준 미도달 예방 프로그램 계획 및 미이수자 지원 프로그램의 내용을 포함해야 한다는 내용이 교사들의 1순위 요구로 분석되었다. 2순위는 학기가 종료된 후에 최소학업성취수준 미도달 학생들의 특성에 맞는 지원(보충 이수, 대체 이수) 프로그램을 실시해야 한다는 것이다. 교사는 학생의 미이수에 대한 예방과 대책을 가장 중요하게 여기고 있다는 점을 확인할 수 있다. 교육부에서도 이러한 요구를 파악하여 책임지도를 위한 단계별 운영 방법 및 유의사항을 〈3-52〉와 같이 제시했다.

성취평가제를 토대로 최소학업성취수준의 기준인 현행 60% 미만 E 수준을 하한선을 40%로 내려 40% 이상 ~ 60% 미만으로 재설정하여 E 수준까지 최소학업성취수준을 달성한 것으로 본다. 40% 미만의 성취율은 미이수 처리가 되며 이는 책임교육 관점에서 특별 프로그램을 통해 최소학업성취수준에 도달할 수 있도록 한다.

〈3-52〉 최소학업성취수준 점검을 통한 책임지도 운영 절차

시기	단계	단계별 운영 방법 및 유의 사항
학기 시작 전	(준비 단계) 수업 및 평가 계획	• 개설 교과의 핵심 개념과 원리를 통한 역량 계발에 중점을 두어 개설 교과 이수를 위한 최소학업성취수준 마련 ※ 교과 협의 및 전체 교과 협의 등을 통해 일관된 기초학력 책임 지도 방안에 대해 공유
학기 초	(1 단계) 진단 평가를 통한 최소학업성취수준 미도달 예상 학생 파악	• 수업 시작 첫 날(적어도 첫 주)에 학생의 학업 준비도에 대한 종합적 진단 평가 실시 • 진단 평가 결과를 바탕으로 최소학업성취수준 미도달 예상 학생 파악 • 파악된 학생의 특성을 고려한 수업 방법 모색 • 최소학업성취수준 미도달 가능성 사전 차단, 파악된 학생들에 대한 학습 상담 및 컨설팅 실시, 학습 동아리 또는 학습 멘토링 활동 권장 ※ 해당 학생의 개인 정보 노출 주의
학기 중	(2 단계) 최소학업성취수준 미도달 예상 학생 지도	• 학기 중 평가 결과를 바탕으로 최소학업성취수준 미도달 예상 학생 파악 • 최소학업성취수준 미도달 예상 학생임을 안내 • 최소학업성취수준 미도달 예상 학생을 대상으로 학습 상담 진행 • 최소학업성취수준 미도달 예상 지도(예시: 과제 부여, 방과후 학교 수강 권장, 학습 멘토링 또는 학습 동아리 활동 권장 등) ※ 해당 학생의 개인 정보 노출 주의 ※ 해당 학생(멘티)에 대한 낙인 효과 주의
학기 말	(3 단계) 최소학업성취수준 미도달 학생 특별 프로그램 운영	• 학기 말 모든 평가 완료 후 최소학업성취수준 미도달 학생 파악 • 특별 프로그램 참가 학생임을 학생, 학부모에게 안내: 성적 통지표 발송 시에 해당 안내문 동봉 • 개설 교과 이수를 위한 다양한 형태의 특별 프로그램 마련 – 방학 중 개설하는 계절 학기 방과후학교 형태의 강좌형 – 수행 과제를 통한 과제형 – 강좌형＋과제 제시형의 혼합형 ※ 특별 프로그램 이수 후 이수 기준 충족 여부는 일정한 평가를 통해 확인 후 결정 ※ 새 학기 시작 전, 최종 이수 여부를 확정

출처 : 〈고교학점제 연구학교 운영 안내서〉, 교육부 · 17개 시 · 도교육청 · 한국교육과정평가원, 2021

〈3-53〉 최소학업성취수준 기준

성취율	성취도	
90% 이상	A	
80% 이상 ~ 90% 미만	B	
70% 이상 ~ 80% 미만	C	
60% 이상 ~ 70% 미만	D	
40% 이상 ~ 60% 미만	E(최소학업성취수준)	↑이수
40% 미만	F(미이수)	↓미이수

출처 : 〈고교학점제 연구학교 운영 안내서〉, 교육부 · 17개 시 · 도교육청 · 한국교육과정평가원, 2021

다음의 〈3-54〉는 한국교육과정평가원에서 작성한 공통과목 중 국어의 듣기 · 말하기 영역의 최소학업성취수준 진술문이다.

〈3-54〉 국어의 듣기 · 말하기 영역의 최소학업성취수준 진술문

영역	듣기 · 말하기		
일반적 특징	듣기·말하기가 화자와 청자가 상호 교섭하며 의미를 공유하는 과정임을 대략적으로 이해하고 의사소통의 목적, 상황, 매체에 따른 담화 유형 중 일부 유형에서 소통할 수 있는 의사소통 역량을 보인다. 또한 언어 공동체의 담화 관습을 성찰하는 데 관심을 보인다.		
일반적 특성에 따른 하위 항목	듣기·말하기가 화자와 청자가 상호 교섭하며 의미를 공유하는 과정임을 대략적으로 이해한다.	의사소통의 목적, 상황, 매체에 따른 담화 유형 중 일부 유형에서 소통할 수 있는 의사소통 역량을 보인다.	언어 공동체의 담화 관습에 대해 성찰하는 데 관심을 보인다.

수행 활동/ 판단 근거	듣기·말하기의 과정이 개인이나 집단 상호 간에 다양성을 인정하며 소통이 이루어지는 것임을 대략적으로 안다.	대화, 토론, 협상 중 일부 유형에 참여하여 소통한다.	자신이 속한 언어 공동체의 담화 관습을 이해하려는 태도를 보인다.

연구학교와 시범학교에서는 최소학업성취수준에 대한 진술문을 각 학교에서 작성하여 운영했다. 이는 평가 계획을 수립할 때 함께 작성하여 학생들을 지도하는 데 활용했다.

다음의 표 〈3-55〉는 최소학업성취수준 미도달 학생의 지도를 위해 학교에서 단계별로 실시해야 할 주요 내용이다.

〈3-55〉 최소학업성취수준 미도달 학생에 대한 단계적 지도 내용

시기	단계별 주요 내용
학기 시작 전	(준비단계) 수업 및 평가 계획 교과협의회를 통한 최소학업성취수준 설정, 과목별 수업 및 평가 계획 수립
학기 초	(1단계) 미도달 예상 학생 파악 최소학업성취수준 미도달 예상 학생 조기 발견(진단평가 등) 및 선제적 지도
학기 중	(2단계) 미도달 예방 집중 지도 지속적 학업 상담 진행, 미도달 예방 지도(과제, 보충, 학습 동아리 등)
학기 말	(3단계) 미도달 학생 지도 미도달 학생 파악, 교과협의회 및 학업성적관리위원회 등을 거쳐 대상자 확정·통보 최소학업성취수준 도달을 위한 특별 프로그램 진행(교육청 또는 학교 단위)

출처 : 〈고교학점제 연구학교 운영 안내서〉, 교육부 · 17개 시 · 도교육청 · 한국교육과정평가원, 2021

미도달 학생이 발생하기 전에 관찰과 진단평가로 미도달 예상 학생을 파악하여 선제적 지도를 해야 한다는 것이 주요 내용이다. 다만 고등학생의 학력 미달은 당장의 노력만으로 해결할 수 있는 일이 아니다. 미도달 학생이 가장 많이 나올 것이라고 예상되는 수학과 영어는 초등학교 고학년부터 누적된 학습에 대한 무기력이 그 원인일 것이기 때문이다. 그러므로 초등학교부터 기초학력 보장을 위해 학교는 물론 지역사회 공동체가 함께 노력해야 할 것이다.

연구학교에서는 학생의 최소학업성취수준 도달을 위해 어떤 노력을 해 왔는지를 살펴보자.

최소학업성취수준 미도달 예상 학생 지도

2학년에 개설된 언어와 매체, 독일어 독해와 작문, 고전 읽기, 영어 독해와 작문, 수학, 화학Ⅰ, 세계사, 미술 감상과 비평, 체육전공실기기초 총 9개 과목을 선정하여 진행했다. 학기 초 평가 계획서에 추가로 성취평가제 F등급(성취도 40% 미만)을 설정하여 최소학업성취수준을 기재했다. 미도달 예상 학생은 중간고사 점수, 수행평가 수준, 참여 태도를 기준으로 선정했다.

미도달 예상 학생 지도 방법으로는 '보충학습지 제공'과 '학생 간 멘토-멘티제'를 공통적으로 적용했다. '보충학습지'는 평소 수업 시간에 모든 학생들에게 제공되는 학습지가 아니라 별도 학습지를 제작·제공하여 학습 여부, 문제풀이 등으로 피드백을 주었다. '학생 간 멘토-멘티제'는 멘토를 지정하여 미도달 예상 학생의 학습과 수행을 도와주도록 하고 이 활동을 학교생활기록부의 교과 세부능력 및 특기사항에 기록했다.

이와 같은 예방 지도를 했음에도 불구하고 학기 말 미도달 학생이 발생했다. 다만 교과별로 미도달 예상 학생 수보다 1~2명이 줄어든 점은 예방 지도의 효과인 것으로 보인다. 최소학업성취수준 미도달 예상 학생을 미리 파악하여 적극적인 지도와 지원이 필요하다는 사실을 확인한 좋은 사례다.

최소학업성취수준 미도달 학생 지도

학교에서는 가장 먼저 최소학업성취수준 보장 지도를 위하여 준비 및 계획을 수립했다. 그리고 최소학업성취수준에 대한 취지 및 효과, 운영 계획을 담은 안내문과 가정통신문을 학생과 학부모에게 배포했고, 이와 관련한 연수를 교사를 대상으로 실시했다. 연수는 최소학업성취수준 보장 지도 프로그램의 목적, 필요성, 운영 방법, 교과 이수기준, 과목별 성취수준 진술문 및 고교학점제와의 관계성 등에 교사들이 공감하고 함께 목표를 설립할 수 있도록 진행했다.

다음으로 기초학력 진단검사 결과 기준점수 미도달 학생을 최소학업성취수준 미도달 예상 학생으로 선발했다. 이 학생들은 모두 교사가 운영하는 특별 프로그램을 통해 과목을 이수했다. 미도달 학생 지도를 위한 특별 프로그램은 보충수업과 달리 실질적으로 학생의 기본적인 학업 역량을 키우기 위한 개별지도가 가능해야 하므로 참여하는 학생 수가 적어야 한다. 보통은 2~5명 정도가 적절하다. 때로는 단순한 교과 지도를 넘어서서 학생의 최소학업성취수준 미도달의 원인을 파악하여 다방면으로 지원해야 하는 경우도 있다.

고교학점제는 학생의 책임이 더 강조된다. 학교 일과 시간에 맞추어

등교하고 하교해야 하며 교과 수업도 어느 정도의 성취율을 보여야 졸업이 가능하다. 어려움이 있더라도 본인의 의지가 있다면 학교와 지역사회의 지원을 받아 졸업할 수 있으니, 학업에 어려움을 느낀다면 적극적으로 주변에 도움을 요청하여 함께 문제를 해결해야 한다.

교육부에 고교학점제를 담당하는 부서와 기초학력을 담당하는 부서는 별도로 존재한다. 그래서인지 대부분의 고등학교에서도 마찬가지다. 그러나 학교 현장에서 보면 고교학점제와 기초학력은 매우 밀접한 관련이 있다. 업무를 가중시키지 않으면서 동시에 학생을 위한 지원체계를 구축할 수 있도록 서로 융합하는 과정이 필요할 것이다.

192
Credits

3
years

road map

자기 주도적
학업 설계를
위한 상담

✓

Chapter 1

학업 설계를 위한 상담

학업 설계를 위한 상담은 크게 3단계로 이루어진다. 먼저, 자기 이해 상담을 하고 다음으로 학생의 적성과 특성에 맞는 교육과정과 과목을 상담한다. 그리고 마지막은 3개년 학업 설계 작성 상담이다.

고교학점제를 위한 교육과정 및 학업 설계를 위해서는 무엇보다 학생의 자기 이해가 중요하다. 따라서 담임교사는 물론 진로교사도 이에 관심을 갖고 학생을 도와야 한다. 자기 이해를 위해서 학생은 자신이 '무엇을 잘하는지'(적성)와 '무엇을 좋아하는지'(흥미)를 우선 탐색하고 이에 기반하여 '무엇이 되고 싶은지'를 알아보도록 해야 한다.

학생이 가진 흥미, 적성, 가치관 등의 특성을 객관적으로 살펴보려면 상담과 각종 심리검사를 활용하는 것이 좋다. 커리어넷이나 워크넷에 다양한 심리검사가 있으니, 이를 활용하도록 하자. 그리고 학생에게는 적성이나 흥미는 언제든 변할 수 있으며, 나를 이해하는 특성 중 하나라는 것을 사전에 알려 주어야 한다. 또한 변할 수 있는 것임을 고려할 때 다양한 심리검사는 고등학교 때는 물론 중학교 때부터 활용하는 것이 좋다.

〈4-1〉학업 설계를 위한 상담 절차

> [1단계] 자기 이해 상담
> – 적성검사, 흥미검사 등 학생 상담을 위한 객관적인 자료 수집
> – 학과 및 대학 탐색

> [2단계] 학생의 적성과 특성에 맞는 교육과정과 과목 상담
> – 계열에 맞는 과목 선택
> – 학교 교육과정 탐색
> – 학교 교육과정 외 과목 선택을 위한 지역 내 공동 교육과정 탐색

> [3단계] 3개년 학업 설계 작성 상담
> – 3개년 학업 설계서 작성

1. [1단계] 자기 이해 상담

커리어넷(careernet.go.kr)에서는 직업적성검사를 포함한 6개의 심리검사를, 워크넷(work.go.kr)에서는 청소년 직업흥미검사를 포함한 7개의 심리검사를 제공하고 있다. 상담은 기본적으로 이런 검사 결과를 바탕으로 이루어진다. 하지만 학생이 적성흥미검사 결과를 잊어버렸거나 상담이 급하게 이루어지는 경우는 어떻게 해야 할까? 이때는 직업카드를 이용하여 좋아하는 직업카드와 싫어하는 직업카드를 골라 선호하는 직업과 적성과 관련된 계열을 고르는 방법을 추천한다. 혹은 좋아하는 과목과 싫어하는 과목을 이야기하면서 간단히 자기 이해를 도울 수도 있다.

커리어넷의 직업적성검사를 통해 진로 상담을 하는 방법은 다음과 같다.

커리어넷의 직업적성검사를 활용한 진로 상담

직업적성검사는 직업과 관련된 능력을 얼마나 가지고 있는지 알아보는 검사로 학생이 어떤 분야에 적성이 높은지 또 그 적성에 어울리는 직업이 무엇인지 알 수 있다.

직업정보망 커리어넷에 가입하고 직업적성검사를 실시한 후 그 결과에 대한 분석을 살펴본다. 검사는 비회원으로도 가능하다. 결과 분석은 다음과 같이 이루어진다.

① 높은 적성 세 가지가 제시된다.
② 영역별로 백분위로 표시되어 높은 능력과 낮은 능력을 알 수 있다.
③ 영역별로 대표 직업이 제시되고 해당 직업을 클릭하면 직업정보와 더불어 같은 직업군과 상세 직업도 알 수 있다.

〈4-2〉 커리어넷의 직업적성검사

④ 관심 직업 세 가지를 적게 한 후 그 직업정보를 알아보도록 안내한다.

결과 분석에 따라 관심 직업을 찾으면 커리어넷에서 직업정보, 즉 하는 일과 관련 학과를 알아본다. 방법은 자신의 '적성' 클릭, '선택 결과' 클릭, 적성과 관련된 '직업' 중 하나 클릭이다. 예를 들어 높은 대인관계능력에 따라 '헤드헌터'라는 직업을 선택하면 '헤드헌터는 기업의 임원이나 기

〈4-3〉 직업적성검사 활동지

1. 직업적성검사에서 나온 높은 적성 세 가지를 적고 마음에 드는 적성에 동그라미 치세요.

1순위	2순위	3순위
자연친화력	대인관계능력	수리.논리력

2. 동그라미 친 적성과 관련된 관심 직업 3개를 적습니다. 그 직업의 정보, 즉 하는 일과 관련학과를 적어 보세요.

	관심직업	하는 일	관련학과
1	헤드헌터	헤드헌터는 기업의 임원이나 기술자 등 고급인력을 필요로 하는 업체에 원하는 인력의 선정에서부터 평가, 알선 단계까지 적정인력을 소개	경영학과, 국제학부
2			
3			

술자 등 고급인력을 필요로 하는 업체에 원하는 인력의 선정에서부터 평가, 알선 단계까지 적정인력을 소개 / 경영학과, 국제학부' 라는 설명을 확인할 수 있다.

관심 대학과 학과에 대한 정보 검색

대입정보포털 어디가(adiga.kr)에서는 대학 소개 및 설치 학과, 모집 인원, 전형 평가 기준 등을 알 수 있으며 학과가 설치된 학교를 검색할 수 있다. 또한 전년도 입시 결과와 다양한 학과 관련 정보도 검색할 수 있다.

〈4-3〉의 직업적성검사 활동지를 사용하여 관심 학과를 정했다면 '어디가'에 들어가서 학과 관련 정보와 대학을 검색해 보도록 안내한다. 학생은 검색을 통해 학과가 속한 대계열과 중계열을 확인하여 앞으로 선택해야 할 교과목의 계열을 파악할 수 있다.

〈4-4〉 대입정보포털 '어디가'

1. 대입정보포털 '어디가'에서 찾은 학과 정보와 전형 정보를 확인한 후 가고 싶은 학과와 대학 3개를 적어 보세요.

대계열	중계열	학과 이름	개설 대학교	모집 인원

2. [2단계] 적성과 특성에 맞는 교육과정과 과목 상담

진로 관련 과목 선택의 중요성 인식

학생부 종합전형은 지원자가 제출한 서류를 바탕으로 학업능력뿐만 아니라 학업에 대한 노력, 의지, 열정, 적극성, 도전정신, 발전 가능성 등을 종합적으로 평가하는 학교 교육 기반의 평가방식이다. 이는 수치로 계산된 성적만을 반영하지 않고 학생이 선택한 과목을 얼마나 내실 있게 이수했는가를 자세히 파악하여 대학에서 전공을 수행할 수 있는 역량을 평가하는 것이다.

2019년에 대두된 대학입시의 공정성 강화 방안으로 인해 정규 교육과정 외 교과 활동의 미반영, 수상경력, 독서 활동 미반영 등 학생부 기록항목이 축소되고, 수능 위주 전형이 2023년까지 40%로 확대될 예정이다.

이로 인해 대학교마다 교과전형을 통한 모집인원을 확대했고 주로 내신 성적으로 평가되던 교과전형에도 변화가 일어나고 있다.

예를 들어 건국대와 경희대는 교과전형을 생기부 100%에서 생기부(교과) 70%＋서류 30%로 변경해 2023년 대입전형에 반영할 예정이다. 동국대 역시 교과 70%＋서류 30%, 고려대는 교과 80%＋서류 20%로 변경할 예정이고, 성균관대는 진로 선택과목 및 전문 교과목의 교과(성적 및 세부 능력 및 특기사항)를 종합적으로 정성평가하는 기조를 2023년 대입전형에도 계속 유지할 예정이다. 이로써 '교과전형의 학종화'가 일어나고 있는 추세다.

교과전형에 학생의 흥미와 적성을 반영하는 '교과전형의 학종화'는 학교 수업을 비롯한 교육과정에 충실히 참여하고 교과목 이수에 있어서도 단순히 교과성적을 얻기 쉬운 과목이 아닌 본인에게 의미 있는 과목을 수강해 학업과 학업 수행에 모두 성실하게 임하는 학생을 선발하겠다는 의도로 파악된다.[1] 이는 학생이 흥미와 적성에 맞는 교과를 선택하고 학교 활동을 충실하게 하는 것을 중요하게 여기는 고교학점제의 취지에도 맞는다.

이러한 변화는 〈2022학년도 서울대학교 학생부송합전형 안내〉에서도 확인할 수 있다.[2]

"나에게 필요한 과목인데 소수 학생들만 선택해 평가에서 불리할까 두

---

1) 에듀진(edujin.co.kr/news/articleView.html?idxno=37916)
2) 〈2022학년도 서울대학교 학생부 종합전형 안내〉, 서울대학교 입학본부, 2021

렵다면 한 번 도전해 보세요. 여러분에게 기회가 주어진다면 나를 발전시킬 수 있는 선택을 하기 바랍니다. 제공되는 교육자원이 부족하고 선택의 기회도 충분히 주어지지 않는 상황이라도 걱정할 필요는 없습니다. 학교에서 어떤 프로그램을 얼마나 제공하느냐 여부는 서울대학교 학생부종합전형의 평가 요소가 아닙니다. 정규 교육과정 내에서 교과서와 수업 내용을 바탕으로 더 깊이 있게 공부하기 바랍니다."

올바른 과목 선택을 위한 다짐

학생들이 진로에 맞는 과목을 선택하는 일을 방해하는 요소는 무엇일까? 소수 인원 선택으로 내신에서 불리할 것 같은 불안감, 친구와의 관계 등이 그렇다. 과목 선택 전에 학생들이 이성적이고 합리적인 선택을 할 수 있도록 다음 사항을 같이 읽어 보고 생각해 보길 바란다.

올바른 과목 선택을 위한 다짐

1. 나는 미래를 주도하는 인재로 성장하기 위해 문제해결력, 창의력, 융합적 사고가 필요해요!

   인문, 사회, 과학 등 기초소양을 균형 있게 쌓을 수 있도록 과목을 선택해요.

2. 나는 교육과정을 스스로 선택할 수 있어요!

   친구를 따라 과목을 선택하거나 성적에 유리한 과목을 선택하기보다 적성과 흥미에 맞는 과목을 선택해요.

3. 선택도 내 몫, 책임도 내 몫이에요!

   선택한 과목의 수업에 성실하게 참여하고 끝까지 책임을 다해 이수하도록 노력해요.

계열에 맞는 과목 탐색

대입정보포털 '어디가'에서 찾은 학과가 속한 대계열과 중계열을 중심으로 고등학교에서 이수해야 할 과목들을 탐색하도록 안내한다. 계열 탐색 및 과목 선택에 도움이 되는 사이트는 다음과 같다.

첫 번째, 고교학점제 홈페이지의 '고교학점제 운영' 아래 '과목 안내'에서 제공하는 학생 진로 · 진학과 연계한 과목 선택 가이드북에는 '대학전공별 고등학교 참고자료'와 '2015 개정 교육과정 교과별 안내' 탭이 있다. 대학전공별 고등학교 참고자료에는 인문사회, 자연과학, 공학, 예술 · 체육, 교육 등 5개 계열이 각각 3~5개의 세부 계열로 나누어져 제시되어 있다.(이 책 127~131쪽 참조) 세부 계열 페이지에는 계열 소개, 고등학교에서 배워야 할 과목(진로 선택과목 포함), 대학에서 배우는 필수 이수 과목 등이 제시되어 학생들이 일반 선택과목과 진로 선택과목을 선정하는 데 도움이 된다.

그리고 2015 개정 교육과정 교과별 안내에는 고등학교 교과목 편성과 주요 교과별 과목 안내가 있으며 특히 주요 교과별 과목 안내에는 일반 선택과목과 진로 선택과 목에 대한 과목별 특징이 제시되어 있다.

두 번째, 교육부와 한국교육과정평가원이 개발한 고교학점제 홈페이지의 자료실에 각 시도교육청별로 선

〈4-6〉 학생 진로 · 진학과 연계한 과목 선택 가이드북

택과목 안내서가 수록
되어 있다. 또한 같은
사이트에 수록된 '학생
선택형 교육과정 운영
을 위한 과목 안내서'
는 과목의 목표, 내용
체계 및 위계가 제시
되어 있어 일반 선택
과목과 진로 선택과목

〈4-7〉 학생 선택형 교육과정 운영을 위한 과목 안내서

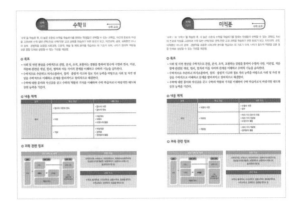

의 상세 내용을 학생들에게 안내할 때 도움이 된다.

광주광역시 고교학점제지원센터 홈페이지에서는 계열 안내와 과목 소
개가 한곳에 연결되어 있어 학생들에게 보다 쉽게 정보를 안내할 수 있
다.

서울시 진로진학정보센터에서 제공하는 '2021학년도 서울형 고교학점
제 기반 조성을 위한 2015 개정 교육과정 선택과목 안내서'에서도 선택
과목 안내 및 계열별 학과 안내를 볼 수 있다. 여기에는 특히 인공지능 수
학, 인공지능 기초 등 새로운 과목에 대한 안내가 추가되어 있으며 과목
별 평가 정보가 한눈에 제시되어 평가 방법을 쉽게 안내할 수 있다.

학교의 교육과정 탐색과 과목 선택

우리 학교의 교육과정 편성표를 살펴보기 전에 2015 개정 교육과정의
과목 이수 단위 배당 기준에 대해 살펴보고 학생들이 졸업하기 위해 반드
시 이수해야 할 과목과 이수학점에 대해 안내한다.

일반고등학교(자율고등학교 포함)와 특수목적고등학교의 과목 이수 단위 배당 기준은 다음과 같다.

<4-8> 고등학교 과목 이수 단위 배당 기준

일반고등학교(자율고등학교 포함)와 특수목적고등학교(산업수요 맞춤형 고등학교 제외)

구분	교과 영역	교과(군)	공통과목(단위)	필수 이수 단위	자율 편성 단위
교과 (군)	기초	국어	국어(8)	10	학생의 적성과 진로를 고려하여 편성
		수학	수학(8)	10	
		영어	영어(8)	10	
		한국사	한국사(6)	6	
	탐구	사회 (역사/도덕 포함)	통합사회(8)	10	
		과학	통합과학(8) 과학탐구실험(2)	12	
	체육 · 예술	체육		10	
		예술		10	
	생활 · 교양	기술·가정/ 제2외국어/ 한문/교양		16	
소계				94	86
창의적 체험활동				24(408시간)	
총 이수 단위				204	

출처 : 〈초·중등학교 교육과정 총론〉, 교육부, 2015(교육부 고시 제2015-74호[별책 1])

특성화고등학교와 산업수요 맞춤형 고등학교의 이수 단위 배당 기준
은 다음과 같다.

〈4-9〉 고등학교 과목 이수 단위 배당 기준
특성화고등학교와 산업수요 맞춤형 고등학교

구분		교과 영역	교과(군)	공통과목 (단위)	필수 이수 단위	자율 편성 단위
교과 (군)	보통 교과	기초	국어	국어(8)	24	학생의 적성, 진로와 산업계 수요를 고려하여 편성
			수학	수학(8)		
			영어	영어(8)		
			한국사	한국사(6)	6	
		탐구	사회(역사/ 도덕 포함)	통합사회(8)	12	
			과학	통합과학(8)		
		체육 · 예술	체육		8	
			예술		6	
		생활 · 교양	기술·가정/ 제2외국어/ 한문/교양		10	
		소계			66	28
	전문 교과Ⅱ	17개 교과(군) 등			86	
창의적 체험활동					24(408시간)	
총 이수 단위					204	

출처 : 〈초 · 중등학교 교육과정 총론〉, 교육부, 2015(교육부 고시 제2015-74호[별책 1])

고등학교 과목 이수 단위 배당 기준을 확인한 후에는 우리 학교의 교육과정을 탐색하도록 안내한다. 고등학교 교육과정은 크게 교과(군)와 창의적 체험활동으로 편성되며, 보통교과는 공통과목과 선택과목으로 구분되고 선택과목은 다시 일반 선택과 진로 선택으로 구분된다. 일반 선택과목과 진로 선택과목이 학생들에게 선택의 자율성이 부여되는 부분이다. 학교의 교육과정을 살펴본 뒤 학생이 자신의 진로에 맞는 일반 선택과목과 진로 선택과목을 선택할 수 있도록 지도한다.

　　그리고 우리 학교의 교육과정에 주문형 강좌나 지역의 공동 교육과정이 개설되어 있는지 확인하여 안내하도록 한다. 고교학점제 홈페이지에서 '고교학점제 운영'을 클릭한 후 '공동 교육과정'에 들어가면 서울특별시교육청 포함 13개 시도교육청의 공동 교육과정의 이름과 해당 사이트 바로가기가 제시되어 있다.

　　선택과목을 선택한 후에는 졸업을 위한 이수기준이 충족이 되었는지 확인하도록 안내한다.

　　사회탐구(10단위)와 과학탐구(12단위)가 체크리스트에 있는 이유는 대개 다음과 같은 이유 때문이다. 통합사회와 통합과학의 개설 기준 단위가 8단위이므로 주로 학교에서 통합사회 6~8단위, 통합과학 6~8단위, 과학탐구실험의 경우에는 2단위로 개설된다. 그러한 경우 학생들은 사회탐구는 2~4단위를 추가 이수해야 하고, 과학탐구도 4~6단위를 추가로 이수해야 하므로 학생들이 탐구 영역의 추가 이수를 반드시 확인하도록 안내해야 한다. 다만 〈4-11〉의 체크리스트는 2015 개정 교육과정에 준한 것이므로 2022 개정 교육과정에 따라 변경될 수 있다.

⟨4-10⟩ 적성과 진로에 맞는 과목 이수 계획

우리 학교의 교육과정을 살펴보고 진로에 맞는 과목을 선택하여 작성해 보세요.

나의 희망 진로/ 관심 있는 계열	희망 진로			
	희망 계열	인문 · 사회 ☐	자연과학 ☐	공학 ☐
		의학 ☐	예술 · 체육 ☐	교육 ☐
과목 분류	1학년	2학년		3학년
일반 선택과목	공통과목 이수			
진로 선택과목	공통과목 이수			
기타 과목				
주문형 강좌/ 공동 교육과정				

⟨4-11⟩ 과목 이수 체크리스트

연번	항목	네 / 아니오
1	교과별 필수 이수 단위를 충족했나요?	☐ / ☐
	사회탐구(10단위)	☐ / ☐
	과학탐구(12단위)	☐ / ☐
2	3년간 이수하는 진로 선택과목의 수는 3과목 이상인가요?	☐ / ☐
3	위계가 있는 과목의 경우 순서에 맞게 이수하고 있나요?	☐ / ☐
4	대학수학능력시험을 보는 경우 시험과목을 선택했나요?	☐ / ☐
5	3년간 교과 총 이수 단위(학점)가 180학점 이상이 되나요?	☐ / ☐
6	자신의 진로 · 적성에 따라 과목을 선택했나요?	☐ / ☐

3. [3단계] 3개년 학업 설계 작성 상담

3개년 학업 계획서 작성

체크리스트를 통해 과목 선택을 확정했다면, 이제 학생들에게 〈4-12〉와 같은 '3개년 학업 계획서'를 작성하도록 안내한다.

독서 활동은 2024 대입전형부터는 직접적으로 반영되지 않을 예정이다. 그러나 학생의 전공 적합성뿐 아니라 다양한 관심, 가치관 등을 확인할 수 있는 항목이므로 교과와 연계하여 주제 관련 독서 활동 및 발표를 통해 다양한 지식과 문화적 소양을 축적하고 있음을 보여 줄 수 있다는 것을 알려 주어야 한다.

선택과목 정정 신청 방법 안내

선택과목의 정정은 학교 기준에 따라 실행하는 것이 바람직하다. 학교 상황에 따라 이러한 기준은 제규정집이나 학교교육과정위원회 규정에 제시되어 있을 수 있다. 다음은 선택과목 정정에 대한 규정 예시이고, 〈4-13〉은 선택과목 정정 신청서 예시다.

○○고등학교 선택과목 정정에 대한 규정 예시

제5조 (선택과목의 정정)

① 학생 선택과목은 수강신청을 실시하여 10월 말까지 학생/학부모의 '최종 확인'을 완료하고, 교과서 주문, 과목별 수강반 수 산정, 시간표 작성, 교사 수급 등의 기초 자료로 활용한다.

② 수강신청 '최종 확인' 이후 선택과목에 대한 변경은 원칙적으로 금

〈4-12〉 3개년 학업 계획서

3개년 학업 계획서

이름:

학년		1학년	2학년	3학년
나의 희망 진로				
학습 계획				
교과목 선택	일반 선택과목	공통과목 이수		
	진로 선택과목	공통과목 이수		
	기타 과목			
교내 활동	동아리			
	체험 활동			
	교내 탐구 프로젝트 활동			
	독서 활동 국어			
	영어			
	수학			
	탐구			
	생활·교양			
	진로			
수업 시간 탐구 주제	국어			
	영어			
	수학			
	탐구			
	생활·교양			
	진로			

지한다.

③ 다만, 선택과목에 대한 '최종 확인' 이후에 학생에게 특별한 사유가 발생한 경우, 예외적으로 위 ①항의 과목별 수강반 수 및 시간표나 교사 수급 등에 지장이 없는 범위에서 변경이 허용되는 기간을 둔다. 변경 기간은 해당 학년도 종업식 7일 전까지로 한다.

④ 학교 교육과정에 따른 교사 수급과 학생 개인 시간표 등을 확정하기 위하여 ③항의 기간 이후에는 선택과목의 변경을 원칙적으로 금지한다.

⑤ 수강 중인 선택과목의 변경은 학교 교육과정의 안정적인 운영을 위하여 원칙적으로 불허한다.

제6조 (변경 기간에서의 과목 정정)

① 특별한 사유가 발생하여 수강과목을 변경하고자 하는 학생은 다음과 같은 소정의 절차를 통하여 해당 변경 사유의 타당성을 소명해야 한다.

1. 담임교사 상담

2. 교육과정 업무 교사와의 상담

3. 과목 선택 변경 신청서 제출

4. 학교교육과정위원회의 검토 및 학교장의 허가

5. 학생과 학부모의 서약서 제출

제7조 (학교의 필요에 따른 과목 변경)

① 학교의 교육과정 운영 환경의 변화에 따라 학생에게 수강과목의 변경을 요청해야 하는 경우에는 다음의 절차를 거쳐 추진한다.

1. 교육과정 담당 부서 및 학교교육과정위원회의 검토

2. 학생과 학부모 면담 및 동의서 징구

3. 학교장의 승인

제8조 (변경)

① 학생의 진로 변경에 따른 수강신청 정정은 다음의 절차에 의한다.

1. 학급담임교사는 학생의 진로, 대학입학전형계획(학생이 진학하고자 하는 대학의 교과 성적과 수능 반영 계획), 학교 여건 등과 수강신청 변경에 대해 학생 및 학부모와 상담한다. 이때 수강신청 정정에 따른 모든 책임은 학생과 학부모에게 있음을 확인한다.

2. 학급담임교사, 학년부장, 교육과정부장, 교무부장은 학교 여건을 고려하여 수강신청 정정이 가능한지를 협의하고 수강신청 정정을 최대한 수용한다. 단, 제8조 ③항과 관련된 경우에는 학생과 학부모에게 이를 고지하고, 수강신청을 제한할 수 있다.

② 학생 선택과목 변경은 수강신청 정정 기간을 이용해서 한다. 단, 정정 기간 이후에 개별적으로 수강신청 정정을 요청한 학생은 관련부서와 교과의 협의를 거쳐 학년말(12월, 2월) 중에 일정 기간을 설정하여 변경하되, 차상급 학년으로 진급되기 이전까지로 한다.

③ 다음 각 호에 해당하는 경우에는 위원회의 협의를 거쳐 학생 선택과목의 변경을 제한할 수 있다.

1. 학생의 진로와 무관한 경우

2. 대학입학전형이 곤란한 경우

3. 교사 수급에 영향을 미치는 경우

4. 선택과목 개설이 곤란한 경우

5. 학급 편성이 곤란한 경우

6. 수업 시간표 작성이 곤란한 경우

7. 기타 학교 여건상 제한이 필요하다고 인정되는 경우

〈4-13〉 선택과목 정정 신청서

과목 선택에 관한 정정 신청서

(   )학년 (   )반 번호(   ) 이름(   )

1. 정정하고자 하는 과목

정정을 신청한 날짜	수정 전 과목	수정 후 과목

2. 정정하고자 하는 이유

학생과 학부모가 정정하고 싶은 이유 (500자 내외)

자필로 적습니다.

3. 상담일지 (학생과 학부모는 상담을 받고 상담자의 확인을 받아야 함.)

상담 날짜	상담자	상담자의 의견 (정정하고자 하는 학생, 학부모와 상담한 내용을 간단히 기재)		상담자의 확인 (학생이 직접 상담자를 찾아 가서 받음)
	담임	학생 면담		
		학부모와 전화		
	학년부장	학생 면담		
	진로부장	학생 면담		
	교육과정 부장	학생 면담		
	교감 선생님	학생 · 학부모 면담		

4. 신청자 최종 확인

상담을 통해 신청한 대로 선택과목을 정정하기로 최종 결정했습니다

확인 학 생 :　　　　　　(서명)

학부모 :　　　　　　(서명)

(※ 학부모 최종 서명은 학교에 직접 방문하여 교감 선생님과 면담 후 서명)

위와 같은 사유로 해당 학생의 선택과목 정정을 허용합니다.

년　　월　　일

확인자 교장 :　　　　　　(서명)

○○고등학교

Chapter 2

진로진학 상담 절차와 사례

1. 학생의 진로결정수준 및 진로준비행동 진단

현대 사회가 빠르게 변화하고 과학 기술의 발전 및 직업 세계의 변화가 급격하게 진행됨에 따라 전 생애에 걸쳐 진로 상담의 수요도 점차 증가하고 있다. 그중에서도 고등학교 시기는 진학 또는 취업과 관련한 상담에 대한 요구가 높으며, 특히 고교학점제의 도입으로 인해 학생들이 스스로 자신에게 적합한 진로를 탐색하고 선택과목을 선택해야 하기 때문에 진로 상담의 필요성과 중요성이 더욱 증대되고 있다.

그러나 현장에서 담임교사와 교과교사들은 진로진학 상담을 어떻게 시작해야 할지 난감할 때가 많다. 이럴 때 학생이 자신의 진로에 대해 확고한 정도가 어느 정도(진로결정수준)인지, 진로 결정이 이루어진 이후에 그 결정사항을 위해 얼마나 노력하고 있는지(진로준비행동)에 대해 알 수 있다면 과목 설계를 위한 상담이 더 원활하게 이루어질 수 있을 것이다.

이제 학생들의 진로결정수준과 진로준비행동의 정도에 따른 유형을 살펴보고 이를 바탕으로 간단한 질문을 통해 어떻게 진로를 지도할 수 있는지 알아보자.

우선 용어에 대해 알아보면 '진로결정수준'이란 자신의 진로 선택 및 직업 선택과 관련된 진로 결정 과정에서 나타나는 진행 수준으로서 미래의 진로에 대한 확고한 정도를 말한다.[3] 이 용어가 사용되는 맥락에서 동시에 등장하는 '진로 결정'과 '진로 미결정'의 상태를 살펴볼 필요가 있다. 진로 결정이란 진로를 결정해야 할 결정적 시기에 합리적으로 진로를 결정할 수 있게 된 상태를 의미하며, 진로 미결정은 자신에 대한 이해 부족, 진로 또는 직업에 대한 정보 부족 등으로 인해 진로를 구체화시키지 못하고 결정하지 못한 상태를 의미한다.[4] 초기의 연구자들은 상담하는 사람들을 이분법적으로 분류했지만, 현재는 미결정의 이유에 대해 하나의 유형으로 보기보다는 다양한 특성을 고려한다.[5]

'진로준비행동'은 실제적이고 구체적인 행위의 차원으로 합리적이고 올바른 진로 결정을 위해서 수행해야 하는 행동과 진로 결정이 이루어진 이후에 그 결정사항을 실행하기 위한 행위를 의미하는 것[6]이다. 진로 관련 정보를 수집하고 필요한 기자재를 구비하거나 목표를 달성하기 위해 시간과 노력을 투자하는 실제 활동들을 포함한다.

---

3) 강정은, 〈진로장벽, 심리적 독립, 진로결정 자기효능감이 진로결정수준 및 진로준비행동에 미치는 영향: 4년제 여자대학생과 전문대 여자대학생의 비교〉, 2008
4) 강선영, 〈아이덴티티 발달수준과 진로미결정 요인에 관한 연구〉, 고려대학교 석사학위 논문, 1996
5) 이기학, 〈대학생의 진로선택유형에 따른 진로태도성숙과 진로미결정요인에 대한 연구〉, 《청소년상담연구》, 2003, 11(1), 13–21
6) 김봉환, 〈대학생의 진로결정수준과 진로준비행동의 발달 및 이차원적 유형화〉, 서울대학교대학원 박사학위논문, 1997

김봉환은 진로결정수준과 진로준비행동 정도에 따라 네 가지 유형, 즉 '이상적인 유형, 진지하지 못한 유형, 미성숙한 유형, 행동 지향적인 유형'을 제시했다.

학생들의 진로결정수준과 진로준비행동 정도를 알아보려면 이를 측정하기 위한 검사가 필요하다. 여기서는 오시포(Osipow) 등이 개발한 진로결정수준 검사를 고향자가 우리 문화에 맞게 수정한 진로결정수준 검사문항(표 〈4-14〉)과 김봉환이 개발한 진로준비행동 검사문항(표 〈4-15〉) 중 일부를 제시한다. 다만 이는 검사의 정확성에 초점을 맞춘 것이라기보다는 상담에 앞서 간단한 질문을 통해 학생을 이해하는 데 사용하기 위한 것이다.

〈4-14〉 진로결정수준을 파악하기 위한 질문

	문 항	전혀 그렇지 않다	그렇지 않은 편이다	다소 그런 편이다.	매우 그렇다
1	나는 장래 직업을 선택했으며 그 결정에 편안함을 느낀다.	1	2	3	4
2	나는 ( )이(가) 되고 싶지만 가속이나 진치늘과의 생각이 달라 당장 진로 결정이 어렵다.	4	3	2	1
3	나는 재능이 있고 기회가 주어진다면 나는 ( )이(가) 될 수 있다고 믿지만 실제로 그것은 불가능한 일이다. 그렇다고 다른 어떤 대안을 생각해 본 적이 없다.	4	3	2	1
4	나는 똑같이 호감이 가는 직업들 중에서 하나를 결정하느라 애를 먹고 있다.	4	3	2	1
5	나는 나의 적성과 능력을 잘 모르기 때문에 진로 결정을 당장은 할 수 없다.	4	3	2	1

출처 : Osipow 등 개발 · 고향자 번역, 진로결정수준 검사지 검사문항 일부, 1992

〈4-15〉 진로준비행동을 파악하기 위한 질문

	문 항	전혀 그렇지 않다	그렇지 않은 편이다	다소 그런 편이다.	매우 그렇다
1	나는 지난 몇 주 동안 주변 사람들과 나의 적성 및 앞으로의 진로에 대해 이야기를 나눈 적이 있다.	1	2	3	4
2	나는 지난 몇 주 동안 내가 관심을 가진 직업이나 진로와 관련된 자료를 인터넷을 통해 탐색해 보았다.	1	2	3	4
3	몇 개월 동안 나는 내가 관심을 가진 직업이나 진로 분야로 진출하기 위한 자격요건이 무엇인지 구체적으로 알아본 적이 있다.	1	2	3	4
4	나는 앞으로 내가 관심을 가진 직업(진학)을 위해 필요한 교재, 참고서적 또는 기타 필요한 기자재를 구입했다.	1	2	3	4
5	나는 내가 설정한 진로 목표를 달성하기 위해 수행한 일들을 체크하고 있으며 앞으로 할 일에 대해 구체적으로 계획을 세우고 있다.	1	2	3	4

출처 : 김봉환 진로준비행동 검사문항 일부, 1997

    검사 결과 진로결정수준은 5~20점까지 분포하며 점수가 높을수록 진로결정수준도 높다. 진로준비행동도 5점~20점까지 분포하며 역시 점수가 높을수록 진로준비행동을 잘하고 있다고 본다. 이 간단한 검사로는 학생의 정확한 진로발달수준을 파악하기 어렵다. 하지만 상담을 위한 기본적인 정보를 제공하거나 학생이 진로에 있어서 전혀 방향을 잡지 못할 때 자기 이해 및 정보탐색의 실마리를 제공해 줄 수는 있다. 산출된 점수를

기반으로 진로결정수준과 진로준비행동 정도에 따라 나누어지는 각 유형의 특징은 다음과 같다.[7]

〈4-16〉 진로결정수준과 진로준비행동 정도에 따른 네 가지 유형

저← 진로준비행동 →고		
진지하지 못한 유형 ▶ 진로결정수준은 높으나 진로준비행동이 부족한 집단 ▶ 자신의 진로를 결정했다고 하지만 이를 추구하려고 하는 동기가 미약하여 실제적인 행동으로 나타나지 않는 유형	**이상적인 유형** ▶ 진로결정수준이 높고 진로준비행동도 매우 활발한 집단 ▶ 자신의 진로를 합리적 사고를 거쳐 확실히 결정한 가운데 이를 달성하기 위해 많은 노력을 기울이고 있는 유형	고 ↑ 진 로 결 정 수 준
미성숙한 유형 ▶ 진로결정수준도 낮고 진로준비행동도 매우 빈약한 집단 ▶ 자신의 진로에 대해 뚜렷한 방향감도 없고 실제적인 진로준비행동도 매우 빈약한 유형	**행동 지향적인 유형** ▶ 진로결정수준은 낮으나 진로준비행동은 높은 집단 ▶ 자신의 진로에 대해 뚜렷한 방향성이 없음에도 진로와 관련하여 매우 활발하게 행동하는 유형	↓ 저

---

7) 김봉환·김계현, 〈대학생의 진로결정수준과 진로준비행동의 발달 및 이차원적 유형화〉, 《한국심리학회지 : 상담 및 심리치료》, 1997, 9(1), 311–333

2. 진단 후 진로 지도 방향

김봉환은 유형별 진로 지도 방향을 다음과 같이 제시했다.

〈4-18〉 진단 유형에 따른 진로 지도 방향

이상적인 유형	**구체적 계획 실천을 위한 도움 필요** 자신의 진로를 합리적 사고를 거쳐 확실히 결정한 가운데 이를 달성하기 위해 많은 노력을 기울이고 있는 유형으로, 진로에 필요한 구체적인 절차적 사항들을 주지시키는 것이 필요하다.
진지하지 못한 유형	**활동 강화 필요** 자신의 진로를 결정했다고 하지만 이를 추구하려고 하는 동기가 미약하여 실제적인 행동으로 나타나지 않는 유형으로, 자기를 보다 명확하게 이해하는 작업이 필요하며 자기 이해와 진로 탐색을 기반으로 진로 희망과 관련 활동 탐색 및 실천을 도와주는 것이 필요하다.
행동 지향적인 유형	**목표 수립 필요** 자신의 진로에 대해 뚜렷한 방향성이 없음에도 진로와 관련하여 매우 활발하게 행동하는 유형으로, 자기 이해와 진로 탐색을 강화하여 진로 결정을 도울 수 있도록 정보를 제공하여 정확한 진로 목표를 세우도록 하는 것이 필요하다.
미성숙한 유형	**동기부여 필요** 자신의 진로에 대해 뚜렷한 방향감도 없고 실제적인 진로준비행동도 매우 빈약한 유형으로, 진로에 대한 관심을 높이는 한편 자기 이해, 직업 세계 탐색, 진로 탐색, 의사결정훈련 등을 통한 동기 촉진이 필요하다.

<4-19> 교사가 지원할 수 있는 유형별 진로 상담 영역

	이상적 유형	진지하지 못한 유형	행동 지향적인 유형	미성숙한 유형
동기부여 및 진로정보 탐색	✓	✓	✓	⊘
목표 수립 및 진로 경로 탐색	✓	✓	⊘	
활동 강화 및 학교 활동 탐색	✓	⊘		
구체적 실천 및 학습 설계	⊘			

⊘ 표시한 내용은 교사가 바로 지원해야 하는 영역이다.

3. 유형별 진로진학 상담 사례

이상적인 유형

자기 이해도가 높고 진로를 개발하기 위해 적극적으로 탐색한다. 다만 때로 자신의 목표와 능력이 일치하지 않아 학습 및 진학 등에서 어려움을 겪기도 한다. 이런 경우에는 진로 목표를 이루기 위해 구체적이고 단계적인 진로 및 진학 계획을 수립하고 학습능력 향상 방법을 모색하고 관심 있는 진로를 위한 다양한 경로를 탐색하도록 지도하는 것이 필요하다.

학생: 선생님 2학년인데 진로 상담을 받고 싶어서요.

교사: 그래? 잠깐은 괜찮을 것 같은데…. 그래 궁금한 게 뭘까?

학생: 제 꿈이 반도체 공학 기술자인데 진로를 위해 제가 잘하고 있는
지 점검을 받고 싶어서요.

교사: 오! 반도체 공학 기술자라, 미래 유망직종이지.

학생: 네, 그렇더라고요.

교사: 우선 교과목 선택을 살펴볼까? 수학은 뭘 선택했니?

학생: 기하와 미적분이요.

교사: 잘했구나. 탐구과목은? 자연 계열 학과는 과탐을 2개 선택하라고
지정한 곳이 많단다.

학생: 네, 알고 있어요. 그래서 물리, 화학, 지구과학을 듣고 있어요.

교사: 그럼 학교 활동은?

학생: 1학년 때는 아두이노 동아리를 했고, 올해는 소프트웨어 동아리
를 하고 있어요.

교사: 진로에 맞게 아주 잘 활동하고 있어서 고민할 게 없을 것 같은데?

학생: 그게 그렇지가 않아요. 기말고사를 봤는데 물리보다 지구과학 내
신 등급이 더 잘 나왔거든요. 3학년 과목 선택에서 화학 2는 제
가 좋아해서 선택했고 나머지 과학 과목을 더 선택해야 하거든요.
물리 2와 지구과학 2 중에 뭘 선택하는 것이 좋을까요? 저는 내신
때문에 지구과학 2를 선택했거든요.

교사: 교육과정 선택이 끝났지?

학생: 네. 그런데 담임선생님께 고민을 말씀드렸더니 기회를 주신다고 해서요.

교사: 그래, 고민이 되겠네.

학생: 종합전형을 준비하려면 물리 과목을 듣는 것이 좋다는 건 아는데 내신 받기가 쉽지가 않을 것 같아서요. 사실 이번에도 물리와 지구과학이 등급 차이가 좀 있었거든요.

교사: 고교학점제가 뭔지는 알지?

학생: 네, 제가 듣고 싶은 과목을 선택해서 이수하는 거요.

교사: 그렇지. 선생님 때는 문과, 이과로 나누고 그냥 학교에서 정해 주는 과목을 싫어도 들으면 됐는데…. 지금은 스스로 선택해야 하니 고민이 더 많아지긴 했지.

학생: 그러게요. 어떨 땐 그냥 정해 줬으면 하는 생각도 들어요.

교사: 그래도 진로와 관련된 과목을 들으면 집중도 더 잘되고 덜 졸린 것도 맞잖아. 안 그러니?

학생: 그래도 내신이 중요하잖아요.

교사: 얼마 전 서울대에서 2024 전공 연계 교과 이수 과목이라는 것을 안내했는데, 혹시 들어봤니?

학생: 서, 서울대요?

교사: 고등학교에서 대학 교육과 연결될 수 있는 과목을 들으라는 것이 주요 내용이야. 예를 들어 반도체 공학 기술자와 관련 있는 전기 공학부를 살펴보면….

학생: 잠시만요, 선생님. 그런데… 저는 서울대는 생각해 보지 않았는데요?

교사: 그냥 참고 차원이니까 너무 부담 갖지 말고 한번 들어 보면 어떨

까? 전기공학부는 물리 2와 미적분을 필수과목으로 권장하고 있는데, 이들 과목의 이수 여부가 수시모집 서류 평가와 정시모집 교과 평가에도 반영된다는 거야.

학생: 정말요?

교사: 2023 대입전형도 교과전형에 정성평가가 도입되었잖아. 결국 자신에게 의미 있는 과목을 성실하게 듣는 것이 더욱 중요해진 거란다.

학생: 그러면 물리 2를 듣는 것이 좋겠군요.

교사: 그렇지. 그리고 물리 2는 진로 선택과목이라서 성적이 3단계로 표시되니까 부담도 좀 적어질 거야. 또 수업 시간에 발표도 하고 열심히 참여해서 과목별 세부능력 및 특기사항에 적히는 것도 중요해. 알지?

학생: 네. 어렵긴 하겠지만 최선을 다해 들어 보겠습니다

교사: 그래, 나도 응원할게. 내 설명이 좀 도움이 된 거지?

학생: 네. 감사합니다. 안녕히 계세요.

진지하지 못한 유형

행동하기 전 너무 생각이 많아서 우유부단하게 비치곤 하고, 변화를 싫어한다. 목표나 계획은 수립하지만 실천력이 약한 편이다. 이 경우 진로 목표가 과도하게 높은 대신 실천력이 부족하여 생기는 진로 장벽이나 구체적인 진로 활동 방법에 대한 이해 부족이 그 원인일 수 있다. 그러므로 진로 목표를 다시 점검하거나 적합한 진로 대안을 탐색하거나 학교 내의 다양한 진로 활동을 탐색하거나 부족한 진로 활동을 보강하는 방법을 찾아보고 지원하는 것이 필요하다.

진지하지 못한 유형

학생: 선생님, 저 왔어요.

교사: 어? 왔구나. 갑자기 상담하자고 해서 놀랐지? 그나저나 요새 수업하는 거 어때?

학생: 열심히 하고는 싶은데 자꾸 졸리고 딴생각이 들어요.

교사: 그렇구나. 전에 진로 프로필 발표시간에 세상에 정확한 사실을 전달하는 기자가 되고 싶다고 그랬었잖아. 네가 그런 꿈을 가지고 있는지 몰랐는데, 언제부터 기자가 되고 싶었어?

학생: 중학교 내내 교지 편집부에서 활동했는데 글 쓰는 게 재미있고 기자가 되면 세상에 도움이 될 것 같아서요.

교사: 그랬구나. 그럼 진로를 위해 준비는 잘하고 있어?

학생: 그게요, 고등학교에 들어와서는 뭘 해야 할지 모르겠더라고요.

교사: 학교에 신문반이 있는데, 알고 있지?

학생: 네. 그런데 늦게 알게 되어서 가입하지 못했어요. 지금은 축구부고요.

교사: 그랬구나. 아쉽겠다. 하지만 축구부라도 네가 하고 싶은 진로와 연관해서 활동하면 돼. 축구부 활동 기사를 기고한다든지 말이야.

학생: 아~ 네. 생각해 볼게요.

교사: 공부는 어때?

학생: 중학교 때는 공부를 좀 잘한다고 생각했는데 고등학교에 오니 잘하고 열심히 하는 애들이 많아서 좀 초조하긴 해요. 게다가 농담

이긴 하지만 부모님이 SKY 아니면 등록금도 안 주신다고 말씀하시니까 부담스럽기도 하고요.

교사: 아마 부모님은 꿈을 크게 가지라는 의미로 그러시는 거 아닐까? 그건 그렇고 기자가 되려면 우선 지금은 무엇을 해야 할까?

학생: 공부죠, 뭐. 사실 요즘 소홀히 하긴 했어요.

교사: 그랬구나. 아직 1학년이니까 기초 소양을 쌓는 독서와 교과 공부를 하는 것도 괜찮을 거야.

학생: 그렇겠죠?

교사: 참, 이번에 우리 학교 신문반에서 주제 칼럼을 기고 받는다고 하던데 한번 도전해 보는 건 어떨까?

학생: 네? 칼럼이요? 저는 아직 준비가 안 된 것 같아서….

교사: 샘이 평소에 좋아하는 문구가 있는데 말이야. 뭔지 아니?

학생: 뭔데요?

교사: 아무것도 하지 않으면 아무 일도 일어나지 않는다.

학생: 아~ 네~.

교사: 실패도 좋은 경험이 되니까 선생님은 일단 도전해 봤으면 좋겠다. 한번 생각해 봐, 알겠지?

학생: 네~ 알겠습니다.

교사: 공부는 어떻게 하면 될까?

학생: 책상에만 앉으면 자꾸 딴생각을 하게 되고 그러다 보면 2~3시간이 후딱 지나가 버리더라고요. 그러고 나면 기분도 안 좋고요.

교사: 그러면 실천 가능한 계획표를 세우고 매일 조금씩 실천해 나가는 것이 중요한 것 같은데…. 플래너를 활용해 보는 건 어때? 일단 시작해 보고 나랑 일주일마다 만나서 점검해 볼까?

학생: 한번 생각해 볼게요.

교사: 그러지 말고 다음 주 이 시간에 플래너 가지고 꼭 만나자. 응?

학생: … 네.

일주일 후

교사: 그런데 얘가 왜 안 오지? 좀 더 기다려 줘야 하나?

행동 지향적인 유형

다양한 분야에 호기심이 많지만 관심 분야가 자주 변하고 판단을 내릴 때 즉흥적이다. 이는 자신에 대한 이해 부족이나 적성과 흥미의 불일치, 자신의 판단에 대한 확신 부족, 실패에 대한 두려움 등이 그 원인일 수 있다. 그러므로 자신의 특성을 자세히 다시 파악해 보고 흩어진 관심을 진로 특성과 연관된 분야로 압축시키고 선택과 집중하는 방법을 알 수 있도록 도움을 주어야 한다. 또한 실패할지도 모른다는 불안감을 줄여 주는 것도 필요하다.

교사: 아까 기술 시간에 교실 뒤가 꽤 수란스럽던데. 뭐 하고 있었어?

학생: 실은 메이저리그 야구 영상 보고 있었어요.

교사: 핸드폰 사용 금지인 건 알고 있지? 다음부터는 조심하자. 그건 그렇고 고3인데 입시 준비는 잘되어 가니?

학생: 샘~, 사실 저는 아직도 제가 뭘 잘하는지 모르겠어요. 그나마 영어를 잘하는데 취업 때문에 이과로 왔거든요.

교사: 어디 보자…. 영어를 정말 잘하고 방송반 활동도 2년이나 했구나.

학생: 네, 나름 학교 생활은 열심히 한 것 같아요. 그런데 하고 싶은 것

은 없고 학교 활동이랑 진로랑 관련도 없는 것 같고…. 입시가 걱
정이에요.

교사: 영어는 잘하잖아

학생: 근데 그것도 모의고사 성적이 계속 내려가고 있어요.

교사: 그럼 다시 원점에서 시작해 볼까?

학생: 네.

교사: 좋아하는 과목과 싫어하는 과목은 뭐니?

학생: 좋아하는 건 영어고, 싫어하는 건 수학이 확실해요!!

교사: 그럼, 다음에 만날 때까지 좋아하는 것을 더 찾아보자.

학생: 네….

며칠 후.

교사: 좋아하는 게 영어라고 했지? 또 없었어?

학생: 아무리 생각해 봐도 영어랑 야구밖에 없는 거 같아요.

교사: 야구라~.

학생: 근데 야구선수는 제가 키도 작고 체력도 안 되잖아요.

교사: 야구 관련 직업이 선수만 있는 것은 아니야. 스포츠 관련 분야 직
업도 다양해. 스포츠 기록관, 마케팅 담당 매니저, 물리 치료사 등
등. 혹시 들어 봤니?

학생: 저는 야구를 보면서 돈을 버는 직업이면 좋겠는데…. 근데 물리

치료사는 뭐예요?

교사: 의사의 진단 및 처방에 따라 환자에게 운동, 열, 전기, 광선 등 물리적인 방법을 적용해 신체기능 장애나 통증을 완화, 회복시키는 업무를 수행하는 직업이야. 스포츠 관련 직업인데 고령화 사회에 각광 받는 직업이기도 하지.

물리 치료사 관련 학과로 진학하고 영어도 좀 더 공부해서 나중에 미국의 메이저리그에서 일하는 꿈도 생각해 볼 수 있겠어.

학생: 그럼 너무 좋을 것 같아요. 부모님이랑 상의해 볼게요.

6월의 어느 날.

학생: 샘, 정말 열심히 했는데 점수가 안 올라요.

교사: 조금만 더 노력해 보자. 그리고 여름방학 이후에도 이 상태면 다른 전형을 알아보자.

학생: 다른 전형요?

교사: 적성고사 전형이라고 있는데 너한테 맞을 거 같아.(※적성고사 전형은 2022 대입전형부터 폐지됨)

이후에도 학생의 점수는 오르지 않았다. 그래서 수시는 적성고사 전형으로 하고 정시를 위한 준비도 함께 하기로 했다. 적성고사가 끝나고 수시 결과를 발표하는 주가 되었다. 마침 전화벨 소리가 울렸다.

학부모: 선생님, 우리 아이가 ○○대 물리치료과 붙었어요. 너무 감사합니다.

교사: 정말 축하드려요. 아이한테 고생 많았다고, 수고했다고 전해 주세요.

미성숙한 유형

자신에 대한 이해와 진로정보가 부족하거나 자존감과 학업에 대한 흥미가 낮은 학생이 이 유형에 해당한다. 이 유형의 학생을 상담할 때는 우선 자신에 대한 긍정적인 태도를 함양하고 다양한 진로 탐색을 지원하여 진로에 대한 관심과 진로를 개발하고자 하는 동기를 높이는 것이 중요하다. 이를 위해 사소한 흥미나 관심이 진로와 연결될 수 있음을 인식시키고 일상생활에서 작은 목표를 세우고 달성하는 과정을 통해 성공 경험을 가질 수 있도록 도움을 주는 것도 좋다. 심리적 문제가 발견된다면 전문 상담사나 전문상담기관에 도움을 요청하도록 한다.

미성숙한 유형

1학년 3월의 어느 날.

다른 교사: 선생님 반 성숙이가 우리 반 아이를 때렸어요. 다음에 또 그러면 학폭으로 넘어간다고 경고 좀 해 주세요.

교사: 성숙아, 왜 싸웠어?

학생: 자꾸 애들이 시비를 걸잖아요.

교사: 요새 애들이랑 다툼이 많던데 무슨 일 있니?

학생: 그냥 학교 다니기 싫어요.

교사: 그렇구나. 우리 성숙이는 좋아하거나 잘하는 것이 있을까?

학생: 없어요. 엄마가 고등학교에 안 가면 쫓아낸다고 해서 그냥 다니는 거예요. 이러다 졸업이나 하면 되요.

5월 체육대회가 열린 날.

교사: (앗! 체육대회 날에 사복을 입고 온 아이는 누구?) 체육대회에 웬 정장에 모자? 근데 성숙이 오늘 좀 멋있네.

학생: 샘, 진짜요? 제가 옷 입는 걸 좋아해서요. 저는 사실 빨리 고등학교 졸업해서 옷을 팔고 싶어요.

교사: 전에 잘하는 게 없다더니, 지금 보니 너는 예술적 감각이 있는 것 같아.

학생: 올~. 샘이 보는 눈이 있으시네요. 감사해요~^^

2학년 4월의 어느 날.

학생: 선생님. 바쁘세요?

교사: 아니, 괜찮아. 그런데 무슨 일이야?

학생: 이거요. 제가 그린 그림이에요.

교사: 와, 정말 잘 그렸다. 소질이 있네.

학생: 사실 저 디자인과 가 보려고 생각 중이에요.

교사: 잘 생각했어. 조금 늦은 감이 있긴 하지만 잘할 수 있을 거야. 화이팅!!

그리고 얼마 후.

교사: 샘 반 성숙이, 전에 미대 가고 싶다 그랬는데 열심히 하고 있나요?

담임샘: 수업 시간에 계속 자긴 하는데, 미술공부는 열심히 하는 거 같

아요.

교사: (자기가 좋아하는 것에는 집중을 하는 것 같아 다행이다.) 기왕이면 수
업도 잘 들으면 좋을텐데….

3학년 3월의 어느 날.

학생: 선생님, 오랜만이에요.

교사: 그러게, 오랜만이네. 방학은 잘 보냈고? 고3이라 바쁘지? 미술
공부는 어떻게 되어 가고 있어?

학생: 제가 좀 알아봤는데요, 제가 도전해 볼 수 있는 전형이 있더라고
요. 잘됐죠?

교사: 그래, 정말 잘됐다. 끝까지 열심히 하고.

11월의 어느 날.

교사: 슬슬 수시 발표가 날 텐데…. 결과가 어떠려나?

학생: 샘. 저 왔어요. 저 ○○예대 디자인과 합격했어요!

교사: 어? 신짜? 너무 축하해~.

학생: 샘이 저 1학년 때 저도 모르는 저의 적성을 찾아 주신 덕분이에
요. 정말 감사합니다!

교사: 내가 뭘~. 네가 열심히 노력한 덕분이지. 암튼 정말 축하한다.

Chapter 3

고교학점제
진로진학 상담 Q & A

✔

    고교학점제 진로·진학 상담 중 자주 나오는 질문과 그에 대한 답변을 정리했다. 답변 중 첫 번째 'A1'은 전 경기 S고 3학년 부장교사의 조언이고, 두 번째 'A2'는 현재 경기도 진로진학 리더교사의 조언이다.

1. 1학년 중간고사를 망치면 정시에 올인해야 할까?

  Q 고등학교에 부푼 꿈을 안고 들어온 고1입니다. 저는 중학교 때 공부를 곧잘 하고 예습도 많이 한 것 같아서 내신에 자신이 있었는데 1학년 중간고사를 망쳤습니다. 주위 친구들은 바로 정시를 준비하라는데 그렇게 하는 것이 맞을까요? 저는 벌써 답이 없어 보여요.

  A1 1학년 중간고사 결과만으로 대입 선발인원의 60%나 차지하는 수시 전형을 완전히 포기한다는 것은 너무 성급한 결정이라고 생각해요. 중간

고사는 1학기 성적에서 35% 정도(중간+기말+수행평가)밖에 차지하지 않기 때문에 충분히 성적을 올릴 수 있는 기회가 있으니까요. 고등학교 1학년 1학기 중간고사는 고등학교에서 처음 보는 시험이라서 중학교 때보다 실력 발휘를 제대로 하지 못하는 학생들이 종종 있답니다. 시험문제 출제 경향도 살펴보고 교과 담당 선생님들 수업에 집중하면서 내신성적을 올릴 수 있는 방향으로 좀 더 준비해 보는 것이 좋을 것 같아요. 물론 정시를 위해 평상시 꾸준히 공부하는 것은 고등학생이라면 누구에게나 중요하답니다.

A2 대입전형은 크게 정시와 수시로 나누어집니다. 하지만 학교 생활은 각각의 전형을 위한 과정이 나누어져 있지 않습니다. 정시전형은 대학수학능력시험 100%로 이뤄지는 대학들이 많습니다. 대학수학능력시험을 잘 보기 위한 기본지식과 능력을 함양하는 과정이 고교 교과 시간입니다. 만약 1학년부터 정시 위주로 공부하게 되면 아마도 문제 풀이 중심의 학업 역량을 키우는 데 치중하게 될 가능성이 큽니다. 3년 동안 각 학년을 충실히 보내면서 각 영역별 기본 지식과 역량을 보다 정확하고 넓게 함양하는 학생이 되길 권유합니다.

2. 이공 계열 진학을 위해 과탐 과목은 몇 개를 선택해야 할까?

Q 저는 1학년 이공계 진학을 희망하는 학생입니다. 우리 학교 교육과정에서는 과학탐구를 최대 4개까지 선택할 수 있는데, 몇 개 정도를 선택

하면 좋을까요? 과탐은 모두 등급을 내는 과목이라 4개를 선택하면 공부가 너무 힘들 것 같습니다.

(A1) 학생부 종합전형으로 이공계 진학을 준비하는 학생이라면 과탐을 1~2개만 선택하는 것은 불리하다고 생각해요. 현 교육과정은 예전처럼 문과, 이과로 구별되지 않기에 인문 계열이냐 자연 계열이냐는 탐구 과목 선택에서 확연히 드러나게 됩니다. 그래서 이공계 진학을 목표로 한다면 어렵더라도 2학년 땐 3과목 이상은 선택하는 것이 좋습니다. 사실 과탐을 적게 선택하고 등급을 내지 않는 과목이나 사탐 과목을 선택한다고 해서 즐겁게 공부할 수 있으리라는 보장도 없잖아요? 그리고 과탐 II 과목들은 등급을 내지 않기 때문에 3학년 때는 성적에 대한 부담을 조금은 덜 수 있을 거예요.

(A2) 대입전형 중 종합전형에서는 학과별로 필요한 과목들의 이수 여부를 학교생활기록부를 통해 점검하여 대학에서 전공과목을 수강하기 위한 기초지식 습득 여부를 판단하고 있습니다. 따라서 과학 과목 선택은 몇 개를 선택하느냐가 아니라 진학하려는 학과와 관련된 교과를 선택한다는 개념으로 생각하는 것이 좋습니다. 따라서 이과 관련 학과에 진학을 희망한다면 1~2개는 너무 적은 편이니 3개 이상 수강할 것을 권장합니다.

그리고 대입전형 중 논술전형 기출문제를 살펴보면 과학 과목에서 골고루 출제되며 상위권 학교는 과탐 II 관련 내용까지 알아야 하는 경우도 있습니다.

3. 2학년 중반 이후에 계열을 바꿔도 될까?

Q 저는 이공 계열 전공을 생각하며 교과목을 선택했습니다. 그런데 2학년 중간고사까지 계속 수학 점수가 안 나와서 상경 계열로 진로를 바꿀까 고민 중입니다. 이미 과목 선택이 다 끝난 후인데, 진로 변경을 하려면 어떤 식으로 생기부에 기록해야 하고 주의해야 할 사항은 무엇일까요?

A1 진로를 바꾸려고 생각하게 된 직접적인 원인은 수학 성적입니다. 다만 다른 계열이 아니라 상경 계열로 바꾸기로 결정한 데는 반드시 이유가 있다고 생각해요. 이미 선택한 과탐 과목이나 수학 과목 수업에서 상경 계열과 관련된 내용을 찾아 적용해 보세요. 진로와 관련된 책들을 통해 다양한 아이디어를 떠올릴 필요가 있습니다.

고등학교 3년 동안 하나의 꿈을 향해 끈기 있게 노력하는 모습을 보여주는 것도 좋지만, 10대 청소년이라면 다양한 꿈들에 문을 두드려 보고 도전해 보는 모습도 매우 긍정적으로 평가될 것입니다. 그만큼 자기 자신을 알아가기 위해 노력했다는 증거가 될 테니까요. 생기부에는 진로 변경 이후에 어떠한 노력을 했는지 설득력 있게 기록되면 좋을 것 같네요.

A2 3학년 선택과목이 이공 계열 관련으로 되어 있는 것이 고민이라면, 생기부에 진로를 변경하게 된 계기에 대해 충분히 기록할 수 있는 공간과 시간이 있다고 생각합니다. 다만 수학 성적을 그 이유라고 기록하는 것은 부적절합니다. 그보다는 자신의 적성과 흥미로 인한 변경, 진지한 고민을 거쳐 나온 진로 변경임을 충분히 표현하는 것이 좋습니다.

예를 들어 이공 계열(컴퓨터 계열)로 진로를 정했지만 이후 사람들의 생각과 감정을 읽어 사회의 변화와 유행을 파악하거나 만들어 내는 데 기술을 어떻게 적용할 것인지에 더 흥미를 가지게 되었다. 그런 고민으로 상경 계열로 진로를 변경하게 되었다는 식의 내용이 있다면 충분히 설득력을 가질 수 있을 것으로 판단됩니다. 이때 진로 변경의 계기가 된 경험이나 도서 등을 적으면 신뢰도를 높일 수 있습니다. 점수가 아닌 학생만의 관심, 이유를 진지하게 고민하여 반영해 보길 권유합니다.

4. 2학년과 3학년 과탐 과목의 선택이 달라도 될까?

ⓠ 저는 2학년 학생인데요. 이제껏 컴퓨터 공학 쪽으로 진로를 희망하여 물리와 지구과학을 들었는데 갑자기 의학 계열로 희망을 바꾸게 되었습니다. 의학 계열을 희망하려면 생명공학과 화학을 들어야 하는 것으로 알고 있는데 3학년 때 어떤 식으로 과목을 변경하고 수업에 임해야 할까요?

Ⓐ1 정시전형으로 의대에 진학한다면 과탐 과목 선택에 고민이 필요하지 않을 텐데, 아마도 종합전형을 준비하고 있나 보네요. 과탐 I에서 생명공학과 화학 과목을 수강하지 않았기 때문에 3학년 때 과탐 II의 해당 과목을 수강하는 것은 다소 억지스러울 것 같아요. 학교에 개설된 과학탐구 과목 중 생활과 과학, 과학과제탐구 등과 같은 진로 선택과목을 수강하여 의료 계열과 관련된 활동들을 수업 속에 녹여 내면 좋을 듯합니다.

A2 학생이 논술전형이나 종합전형으로 의학 계열 진학을 고려 중이라면 선택과목 변경에 대해 학교 선생님과 진지하게 상의해야 합니다. 우선 진로 변경에 대해 선생님과 상의하면서 관련 과목 변경에 대해서도 의견을 나누는 것이 좋습니다. 과목 변경은 학교마다 시스템이 다를 수 있으므로 담당 선생님과의 구체적인 상담이 필요합니다. 하지만 교과전형이나 정시전형을 통한 입학이 최우선 목표라면 진학하려는 학과와 관련이 없어도 내신이 잘 나오는 과목을 선택하는 것도 괜찮습니다.

5. 진로희망이 바뀌면 생기부에는 어떻게 기록해야 할까?

Q 1학년 초반 생명공학자를 희망하여 관련 발표를 했는데 학년 말에 전부터 관심이 있던 웹툰 작가 쪽으로 꿈의 방향이 바뀌었습니다. 학교 생기부 기록을 어떤 방향으로 변화시켜야 할까요?

A1 진로가 바뀌었다면 그 이유를 생기부에 기록해야 합니다. 진로에 대한 희망은 언제든지 바뀔 수 있습니다. 다만 어떠한 고민 속에서 변화가 일어났는지를 알리는 것이 더욱 중요해요. 그리고 앞으로 웹툰 작가가 되기 위한 노력들이 수업 시간과 동아리 활동 등에서 자연스레 드러나도록 해야 합니다. 실제로 과학만화가라는 꿈을 가지고 과학을 전공하고 있는 학생을 만난 적이 있습니다. 웹툰에서는 정말 다양한 내용을 다룰 수 있으니까, 원래 관심이 있었던 생명공학을 웹툰의 내용으로 활용하는 방법은 어떨까요? 생명공학 분야뿐 아니라 다른 과목을 공부하면서 관심이

있는 내용을 웹툰에서 활용하는 방법에 대해 고민해 보는 것도 좋을 것 같군요.

Ⓐ2 먼저 이전에 왜 생명공학자를 희망했는지, 그리고 왜 웹툰 작가로 진로를 변경하게 되었는지 그 변화의 과정을 정리해 보는 것이 좋을 것 같습니다. 학생들은 당연히 진로가 변경될 수 있습니다. 입학사정관들이 궁금한 것은 왜 변경되었는지, 그 과정에서 어떤 노력을 얼마나 했는지입니다. 그러니 남은 학기 동안 변경된 진로를 위한 노력을 잘 채워 넣으시길 바랍니다.

6. 대입 교과전형이 늘어나면 학교 생활이 덜 중요할까?

Ⓠ 2023 대학 입학전형에 의하면 학생부 종합전형은 줄고 교과전형이 늘어난다는데 학교 생활보다는 내신에 더 힘써야 하는 거 아닌가요?

Ⓐ1 자신이 목표로 하는 대학의 모집요강을 살펴보는 것이 중요해요. 몇 몇 대학은 교과전형을 선발하는 인원이 늘어났지만 교과전형이 없는 학교도 있고, 선발인원이 늘어나지 않은 학교도 있답니다. 자신이 목표로 하는 대학에서 교과전형으로 선발하는 인원이 많다면 학교 활동보다 내신에 더욱 힘써야 하는 것이 맞아요.

그리고 학생부 종합전형이 이제는 학교 활동보다는 내신성적과 과목별 세부능력 및 특기사항에 더 주목하고 있다는 것을 알고 있나요? 내신에 힘쓰기 위해서는 수업 시간에 충실해야 하고, 수업 시간에 충실한 것이 과목별 세부능력 및 특기사항에 반영이 될 거예요.

종합전형과 교과전형 모두를 잡기 위해서는 수업 시간에 집중하는 것이 가장 중요하다고 강조하고 싶네요.

A2 2025 대입전형에서는 교과전형이 45.3%, 학생부 종합전형이 23.1%로 학생부 종합전형이 2024년에 비해 434명 정도 감소했습니다. 그러나 2023년부터 교과전형에 서류를 반영하는 대학들이 있습니다. 고려대, 경희대, 동국대, 건국대 등입니다. 그리고 학생부 종합전형의 경우에도 비교과 활동보다는 교과 시간 내 활동을 중심으로 평가하는 경향이 있습니다. 따라서 학교 생활 중 교과활동, 즉 수업에서 부여되는 과제에 충실히 하는 것은 입시 준비에 중요한 태도입니다. 또한 2025 대입전형부터 주의할 사항으로 학교폭력 근절 종합대책에 따라 가천대 등 147개 교에서 학교폭력 조치사항을 자율적으로 반영하기로 하여 학교 생활 중에 학교폭력에 연루되지 않도록 하는 것이 매우 중요합니다.

7. 진로에 맞는 동아리 활동이 없다면 어떻게 해야 할까?

Q 저는 1학년 때는 희망하는 동아리에 들어가지 못해서 진로와 관련이 없는 동아리 활동을 했습니다. 그래서 2학년 때는 더욱더 제 진로와 관련이 있는 동아리 활동을 하고 싶은데, 올해 동아리 목록을 보니 제가 원하는 동아리가 없습니다. 저는 어떻게 해야 할까요?

A1 어떤 동아리에서 활동하든 진로와 관련된 활동을 계획하고 실행해 나갈 방법이 있다고 생각합니다. 가령 언론인이 진로희망이라면 대개 교지편집부나 방송부에 들어가겠지요? 하지만 정말로 진로를 위한 의미 있는 동아리 활동을 했는지 여부는 학생마다 다를 겁니다. 그런 의미에서 정말로 희망진로가 뚜렷한 학생이라면 어떤 동아리에 들어가서도 자신의 관심사가 들어간 활동을 할 수 있으리라 생각해요. 자신의 진로와 직접적으로 관계는 없더라도 진로와 관련된 활동을 시도해 볼 수 있는 동아리를 찾아보세요.

A2 진로와 직접적으로 관련된 동아리 활동을 하지 않더라도 활동하는 동아리에서 진로와 관련된 내용과 태도를 포함한 활동을 하면 됩니다. 희망 전공 관련 경험을 직접적으로 하면 더 좋겠지만, 전공과 관련되지 않은 동아리라도 전공을 위해 필요한 기초 과학지식, 인문지식 등 기반 지식을 함양하는 기회를 가질 수 있을 겁니다. 또 성실한 연구자적인 태도, 의사소통능력과 협업능력, 리더십, 자기 주도적 태도 등 자신의 역량을 충분히 보여 줄 수도 있습니다. 전공 관련 경험을 더 넓은 관점에서 보고 어느 동아리에서 활동하든 기본 지식과 기초 태도를 함양하는 기회로 삼으면 좋습니다.

8. 세부능력 및 특기사항은 모든 과목에 기록되면 좋을까?

Q 이제 세부능력 및 특기사항이 중요하다고 들었습니다. 예를 들어 저

는 어문 계열을 희망하는 학생인데 국, 영, 사탐 과목만 과목별 세부능력 및 특기사항이 기록되면 되나요? 아니면 다른 과목에도 기록되는 것이 좋을까요?

A1 수업에 참여한 모든 학생에 대해 세부능력 및 특기사항을 기록하도록 규정이 바뀌었습니다. 모든 과목에 세부능력 및 특기사항이 기록되는 것이므로 학생의 고민은 사실 큰 의미가 없습니다. 그보다는 어떤 내용이 기록되도록 할지가 더 중요할 겁니다. 그것은 학생이 수업 시간에 얼마나 적극적으로 참여하고 배움을 얻었는지에 따라 달라질 거고요. 자신의 진로와 관련된 수업이라면 더욱 적극적으로 집중해서 참여하세요.

A2 어문 계열을 희망하는 학생은 국어, 영어, 사회 등의 인문 계열 과목에서 자신의 학업 역량과 전공적합성을 직접적으로 경험할 확률이 높습니다. 따라서 이 과목에 자신이 대학에서 공부하고 싶은 주제나 관심 분야에 대한 학업 역량, 전공적합성을 보여 주는 내용이 세부능력 및 특기사항으로 기록되면 좋습니다. 학생의 경우 과학, 수학 등 진로와 직접적 관련이 없는 과목에서는 학업 태도와 문제 상황에서의 대처법 등의 역량을 보여 줄 수 있습니다.

또한 대학에서 전공하게 되는 분야들 중 융합적 사고력이 필요한 경우가 많습니다. 미래사회의 다양성과 변화를 고려한다면 자신이 전공하고자 하는 분야에서 활용되는 수학, 과학 등의 지식이 과목별 세부능력 및 특기사항에 기록된다면 학교생활기록부가 더욱 알차게 채워질 것입니다.

------------- ○ **참고 문헌** ○ -------------

논문 및 학회 자료

강선영, 〈아이덴티티 발달수준과 진로미결정 요인에 관한 연구〉, 고려대학교 석사학위 논
　　　문, 1996

강정은, 〈진로장벽, 심리적 독립, 진로결정 자기효능감이 진로결정수준 및 진로준비행동에
　　　미치는 영향: 4년제 여자대학생과 전문대 여자대학생의 비교〉, 숙명대학교 석사학
　　　위 논문, 2008

고향자, 〈한국 대학생의 의사결정 유형과 진로결정수준의 분석 및 진로결정 상담의 효과〉,
　　　숙명여자대학교 박사학위 논문, 1992

김봉환, 〈대학생의 진로결정수준과 진로준비행동의 발달 및 이차원적 유형화〉, 서울대학교
　　　대학원 박사학위 논문, 1997

김봉환·김계현, 〈대학생의 진로결정수준과 진로준비행동의 발달 및 이차원적 유형화〉,《한
　　　국심리학회지: 상담 및 심리치료》, 1997, 9(1), 311~333

방혜진·김봉환, 〈텍스트 마이닝을 이용한 중·고등학생의 온라인 진로상담 호소문제 분석:
　　　커리어넷 온라인 진로상담 사례를 대상으로〉,《진로교육연구》, 2002, 33(4), 69~99

서울대학교교육연구소,《교육학 용어사전》, 하우동설, 2011

이기학, 〈대학생의 진로선택유형에 따른 진로태도성숙과 진로미결정요인에 대한 연구〉,《청
　　　소년상담연구》, 2003, 11(1), 13~21

한국교육심리학회,《교육심리학용어사전》, 학지사, 2000

한국기업교육학회,《HRD 용어사전》, 중앙경제, 2010

교육부 자료

〈2015 개정 교육과정 총론 해설–고등학교〉, 교육부, 2017

〈2020년 고등학교 학생평가 안내서(톺아보기)〉, 교육부·17개 시·도교육청·한국교육과
　　　정평가원, 2020

〈2021년 고교학점제 선도지구 주요 운영 사례집〉, 교육부, 2022

〈2022학년도 서울대학교 학생부 종합전형 안내〉, 서울대학교 입학본부, 2021

〈2025년 고교학점제 전면 적용을 위한 단계적 이행 계획(안)〉[2022−2024], 교육부, 2021

〈고교학점제 교과 이수 지원을 위한 책임교육 체제 구축 방안〉, 김소현 외 4인, 경기도교육
    연구원, 2021

〈고교학점제 도입 · 운영 안내서〉, 교육부 · 한국교육과정평가원, 2022

〈고교학점제 도입에 따른 교육과정 이수 지도 실태 분석〉, 한국교육과정평가원, 2020

〈고교학점제 도입에 따른 진로교육 체제 개편방안〉, 정윤경 외 3인, 한국직업능력개발원,
    2020

〈고교학점제 연구학교 운영 안내서〉, 교육부 · 한국교육과정평가원, 2019

〈고교학점제 연구학교 운영 안내서〉, 교육부 · 한국교육과정평가원, 2020

〈고교학점제 연구학교 운영 안내서〉, 교육부 · 17개 시 · 도교육청 · 한국교육과정평가원,
    2021

〈더 나은 미래, 모두를 위한 교육 2022 개정 교육과정 총론 주요 사항[시안]〉, 교육부, 2021

〈수업량 유연화에 따른 학교 자율적 교육과정 운영 사례집〉, 교육부, 2022

〈포용과 성장의 고교교육 구현을 위한 고교학점제 종합 추진계획〉, 교육부, 2021

관련 사이트

경기도교육청 고등학교 입학 · 전학 포털(satp.goe.go.kr)

고입정보포털(hischool.go.kr)

고교학점제 홈페이지(hscredit.kr)

교육부 홈페이지(moe.go.kr)

대입정보포털 어디가(adiga.kr)

서울특별시교육청 서울고교 홍보 사이트(hinfo.sen.go.kr)

에듀진(edujin.co.kr/news/articleView.html?idxno=37916)

워크넷((work.go.kr)

인천광역시교육청 고등학교 입학전형 포털(isatp.ice.go.kr)

커리어넷(career.go.kr)

특성화고 · 마이스터고 포털(hifive.go.kr)